GOOD BARISTA
HANDBOOK

GOOD :) BARISTA[R] HANDBOOK

Welcome to the Barista's Way...

바리스타는 어떻게 일할까?

○ COFFEE & WORK
○ FOR BARISTA

글 · 김현섭, 이경언
그림 · 김기훈

커피에 정답이 있을까?

어떻게 좋은 바리스타가 될 수 있을까?

연필과 머그

주요 등장인물

경언 씨 : 이경언 바리스타

가벼운 마음으로 큰 목표 없이 시작한 커피지만 해를 거듭할수록 좋은 바리스타란 무엇인가에 대한 생각이 깊어졌다. 평소 일도 커피도 재미를 추구하는 편이지만 왠지 갈수록 커피가 더 궁금하고, 기술적, 현실적 문제에 대한 명쾌한 답도 듣고 싶다. 바리스타로 일하며 느끼는 고민에 대해 실질적인 해결책과 조언을 구하며, 본인에게 닥친 문제 상황을 바로바로 해결하고자 하는 3년 차 행동파 바리스타.

사장님 : 메쉬커피 김현섭 대표

올해로 커피 인생 17년. 커피를 바라보는 자신만의 관점이 명확하고, 커피 일의 의미를 추구하며 목표도 확실하다. 함께 일하는 바리스타들의 고민을 이해하고 공감하지만 기술보다는 태도를 중시하며 사안을 바라볼 때 관계성에 무게를 두는 경향. 커피에 있어서 늘 기본기를 강조하며 바리스타들이 문제 상황에 처했을 때 즉각적인 답을 주기보다 스스로 부딪히면서 터득해 나갈 수 있도록 방향을 제시하는 편.

커피를 시작한 지 3년
"좋은 바리스타가 되고 싶어요"

　이 책의 첫 출발점은 메쉬커피에 입사하고 틈틈이 썼던 업무일지에서 시작됐다. 당시 초보 바리스타였던 나는 매일 주어진 일을 무사히 소화해 내는 것만으로도 눈코 뜰 새 없이 바빴지만 하루 빨리 일에 적응하고 싶다는 생각에 내가 할 수 있는 최선의 방법을 택했다. 그건 온전히 나를 위한 메모였다. 업무일지를 쓰는 데 그리 오랜 시간이 걸리지도 않았다. 하루 일과를 돌아보고 복기하는 수준이었으니까 30분 정도 걸렸을까? 그래서 꾸준히 쓸 수 있었다. 소심한 성격이라 질문 하나를 할 때도 고민이 많았지만 하나둘 모인 답변이 큰 줄기를 이룰 때 새로운 사실을 알게 되는 재미가 있었다. 돌이켜 보면 메쉬커피에서 일한 날들이 새삼 감사하다. 바리스타로 성장하는 데 도움을 주는 사람들과 부족한 나를 믿어주는 동료들, 매일 안부를 물어주는 손님들이 곁에 있었다. 종종 무료하고 지칠 때도 있었지만 기억에 남는 건 즐거웠던 순간뿐이다. 정말 후회 없는 시간이었다.

좋은 바리스타란 무엇일까? 어떤 바리스타가 좋은 바리스타인지는 10년이 지나도 모를 것 같다. 높은 지식과 기술을 갖추고, 훌륭한 호스피탈리티와 넘치는 열정을 지닌, 커피업계의 미래를 한 발 앞서 고민하는 많은 유형의 좋은 바리스타가 있지만, 내가 바랐던 바리스타의 모습은 그저 내가 내린 커피 한 잔에 당당하고 부끄럽지 않게 손님들에게 판매할 수 있는 사람이었다. 나름대로 좋은 바리스타가 되기 위해 노력했는데 조금은 가까워졌을까? 아직 잘 모르겠다. 앞으로 계속 커피를 할 수 있을지도 미지수이지만 막연히 커피로 재밌는 일을 하고 싶다는 생각만큼은 뚜렷하다. 지나봐야 알겠지만 일단 지금은 내가 할 수 있는 일을 하면서 더 고민해 보려 한다.

 혼자 끄적였던 메모를 누군가와 공유하게 될 거라곤 상상도 못했다. 처음 책으로 만들어 보자는 얘기를 들었을 때 가벼운 제안인 줄로만 알았다. 솔직히 보여주기 부끄러운 내용도 많아서 혼자 간직하려다 별 고민 없이 받아들였는데 이게 진짜 책이 되다니 지금도 실감이 안 난다. 다만 한 가지 기대되는 게 있다면 얼마나 많은 사람이 내 이야기에 공감할지 궁금하다는 것. 메쉬커피에서는 궁금한 게 생기면 물어볼 곳이 있어 고민하는 게 오히려 즐거웠는데, 지나고 보니 더없이 소중한 기회고 좋은 환경이었다. 책을 준비하면서 나와 비슷한 고민을 하는 사람들이 많을 거라는 이야기를 들었다. 각자의 자리에서 고군분투하고 있을 바리스타들이 가볍게 읽고 "야, 너도? 야, 나두!"라며 공감하고 조금이나마 답이 되면 좋겠다. 바리스타들이 어떻게 일하는지 궁금한 분들에게도 우리의 이야기가 잘 전해지길 바라본다.

선배 바리스타가 전하는
"이제 막 커피 일을 시작한
바리스타에게"

직업: 바리스타

나는 어떻게 커피를 하게 되었을까? 이제 막 커피 일을 시작한 바리스타를 보며 나는 어디에서 무엇을 위해 일했는지 지난날을 돌이켜 보았다. 처음 커피를 시작했을 때는 충동적이었다. 미래에 대한 계획도 없었으며 마음과 욕심이 앞섰고 아는 것 없이 열정만 가득했다. 그때는 커피 품질도 잘 몰랐다. 뭐든 잘 몰랐던 초보 바리스타 지망생. 말 그대로 커피가 커피지 뭐, 좋아하긴 하지만 특별하진 않았다. 믹스 커피보다 바로 내린 에스프레소 커피면 무조건 좋았던 시절. 커피를 잘 아는 사람들이 아닌 누구나 좋아할 만한 대중적인 커피. 써도 좋았고 너무 쓰면 우유를 넣어 마시면 되니 더 좋았다. 설탕 시럽이든 바닐라 시럽이든 초콜릿에 휘핑크림을 올리든 관계없었다. 아무것도 넣지 않고 그 자체로 즐길 수 있는 커피를 만나기 전이자, 나에게 큰 의미를 가져다 준 공정 무역이나 스페셜티 커피를 알기 전이었다.

2007년 처음 호기롭게 바리스타를 하겠다고 주변에 알렸을 때 사람들은 다 젊은 시절 잠깐 경험 삼아 해 보는 임시직 정도로 생각했다. 당연히 바리스타라는 낯선 이탈리아어도 잘 몰랐고, 카페 아르바이트나 종업원쯤으로 불렀다. 부모님께 바리스타를 어떻게 설명해야 할지도 어려웠다. 진지하게 직업으로 생각하고 있다고 말씀드려도 취업 전 치기 어린 시절에 지나갈 열병 같은 거라고 여기셨다.

다행히 그해 7월 드라마 〈커피프린스 1호점〉이 방영되면서 사람들이 바리스타라는 말에 익숙해지고 낭만적인 직업으로 보기 시작했다. "그럼 네가 하는 일이 드라마에 나오는 그런 일이야? 네가 커피프린스? 그 바리스타?" 하지만 친구들의 물음에 나는 당당하지 못했고 왠지 부끄러웠다. 내게 바리스타는 내 몸을 움직여 땀 흘려 일하는 진지하고 정직한 일자리였다. 나는 누가 뭐라 하든 당당하게 커피를 내리는 바리스타가 되겠다고 다짐했다.

그러나 한편으로는 여전히 바리스타를 커피 타는 아르바이트로 보면 어쩌지 하는 불안감에 주위에서 보기에도 규모가 크고 안정적이고 성장 가능성이 높은 카페만 찾아다녔다. 모두가 알 만한 대형 커피 프랜차이즈의 본사 면접을 보거나 브라질 스페셜티 커피 수

입 업체, 외국계 카페 브랜드 등에 입사 지원을 했다. 그런데 막상 경험해 본 그곳은 시스템에 따라 매뉴얼대로 시키는 일만 해야 했고 단순 반복되는 일과의 연속이었다. 내 재능이나 창의성을 조금도 더할 수 없는 구조. 내가 생각했던 바리스타의 일이 아니었다. 커피를 더 알아야겠다고 생각하고 유명한 커피들을 마시러 다녔다. 눈은 점점 높아졌고 내가 내리는 커피는 기대하는 품질이 아니라는 실망감에 이직을 결심했다. 작은 카페로 옮긴 후에는 제대로 커피를 할 수 있을까 싶었지만 박봉과 열악한 근무 조건에 시달리며 2~3년 동안 이직과 휴직을 반복했고, 커피에 대한 미래 없이 오직 먹고사는 일과 오늘만 남게 되었다. '이대로 계속 바리스타를 할 수 있을까?' 밀려드는 회의감과 함께 제자리에 멈춘 채로 하루하루 낭비하며 보내는 시간이 아까웠다. 커피를 그만두고 다른 일을 찾아도 됐지만 이상하게 포기하기 싫었다. 불안하고 앞이 보이지 않아 술만 늘었다. 쉬운 일이라고 생각했지만 쉽지 않은 일이었다.

바리스타를 시작하는 시기에는 누구나 미래가 두렵기만 하다. 주변에서는 언제까지 아르바이트만 할 거냐는 소리를 듣고 안정적인 직업도 아닌데 내가 진짜 좋아하는 일이 맞나, 이러지도 저러지도 못하는 내가 미워지기도 한다. 그래서 보통 한 카페에서, 아니 엄밀히 말해 바리스타로 2년 이상 일하는 경우는 흔치 않다. 커피를 시작하고 3개월 혹은 3년이 고비라는 말을 2007년 어느 면접 자리에서 대표님께 들었다. 100% 다 그렇다고 장담할 수는 없지만 돌이켜 보면 얼추 맞는 말이다. 나도 바리스타로 생활한 지 3년이 지나고 나서야 미래가 있는 카페에서 의미있게 일할 수 있었으니까. 물론 처음 커피를 시작할 때와 여건이 크게 다르진 않았지만 가능성이 보였고 꿈이 생겼고 그래서 행복하게 커피를 할 수 있었다.

    힘들어도 3년만 참아보라는 얘기가 아니다. 어떤 일이든 나와 내 감정이 제일 중요하다. 아무래도 너무 힘들고 마음 깊숙이 이 길이 아니라는 느낌이 든다면 빨리 치고 빠지는 게 영리하고 건강에도 좋다. 다만 꽤 좋아하는 일, 해 볼 만한 일이고 지금 근무 조건이 나쁘지 않다면, 이유는 모르겠지만 이상하게 오래오래 커피 일을 하고 싶다면 현재 불행한 2년 차 커피 인생을 보내고 있더라도 조금만 더 힘내 보는 것도 좋겠다. 내 카페를 여는 게 목표인 사람도 그냥 커피업계에서 오래 일하는 게 목표인 사람도 말이다. 바리스타가 좋은 직업인지는 모르겠지만 나쁘진 않은 직업이다. 먹고사는 일이지만 누군가에게 행복과 위안을 주는 일이다. 스스로 좋은 부분을 발견하면 더없이 행복한 일이다. 여러모로 직업으로서 바리스타는 달콤쌉쌀한 커피와 닮았다.

바리스타의 또 다른 어려움. 손님으로 마실 때는 맛있게만 느껴졌던 커피가 통제 불능 골칫거리가 된다. 보기엔 쉬워 보이지만 큰 오산이라는 사실을 곧 깨닫는다. 서비스업이니까 친절하게 손님들을 대하고 달콤한 디저트에 적당한 맛의 커피만 있으면 될 거라는 생각은 머지않아 경쟁에서 살아남으려면 모든 것을 잘해야 한다는 현실의 벽에 부딪힌다. 바리스타에게는 친절함이라는 무기, 공간의 분위기를 연출하는 감각과 커피를 잘 내리는 기술이 필요하다. 많은 바리스타들이 기술 앞에서 좌절하고 무릎 꿇는 이유도 그 때문이다.

그럼 커피 기술에 쉬운 길은 없을까? 누구나 쉽고 맛있게 커피를 잘 내리는 가장 빠른 방법은 최신 기술과 도구를 활용하는 것이다. 하지만 '누구나 쉽게'의 함정은 난이도가 쉬운 만큼 금방 한계에 다다른다. 나쁘지 않은 수준으로는 경쟁력이 될 수 없고, 출발과 동시에 목적지에 도달하는 너무 쉬운 난이도로 인해 권태로움에 빠진다. 나만의 커피를 찾는 데는 많은 시간이 들기 마련이다. 내가 원하는 목표를 세우고 계획을 구상하는 데만도 상당한 노력이 필요하다. 더구나 끝내 주는 커피를 내리기 위해서는 훨씬 더 느리고 지루한 과정이 수반되어야 한다. 아마 평생 고민해야 하는 괴롭지만 즐거운 일이겠다. 나는 그런 길을 걷는 사람들을 존경하고 그 여정에 함께하고 싶어 메쉬커피를 차렸다. 빨리 달성하고 싶겠지만 커피, 그중에서도 스페셜티 커피는 장기투자. 멀리 보고 오래 긴 호흡으로 나아가야 한다. 커피도 삶도 시간이 걸리는 일. 하루하루 차근차근 하나씩 나아가는 일이다.

지금까지의 이야기를 들어보면 바리스타가 하는 일은 골칫덩어리에 권리는 없고 책임과 의무만 가득한 어렵고 재미없는 일. 시작하기도 전에 본격적으로 바리스타를 하지 말라고 말리는 듯 보일 수도 있겠다. 내가 커피를 너무 오래했다고 느낄 때가 이럴 때다. '여러분, 커피는 어려운 겁니다'라고 말하면서 여전히 커피를 하고 있다. 나는 커피를 그만둘 생각이 없다. 바리스타는 분명 매력적이고 멋있는 직업이기 때문이다. 바리스타가 멋있어 보여서 시작했다는 비스킷플로어 봉하경 대표의 말처럼 나도 바리스타를 꽤 근사하고 세련된 일이라고 생각했다. 커피 마시기를 좋아한다고 다 바리스타가 되는 것은 아니다. 단지 좋아하는 것 가운데 하나를 직업으로 삼으면 좋겠다는 가벼운 마음. 그렇기에 언제 그만두더라도 후회하지 않을 거라는 마음이 더 크게 작용한다. 메쉬커피 김기훈 대표처럼 가족이나 주변 사람들의 권유로 커피를 시작한 사람도 있고, 써밋컬쳐 신종철 대표처럼 장인정신이 좋아서 커피를 시작한 사람도 있고 그 이유는 다양하다. 각자 다른 이유로 커피를 시작한 수많은 사람들이 커피에 빠져 헤어나오지 못하는 이유가 무엇일까? 그만큼 커피는 치명적이다.

한 바리스타가 나에게 책을 내고 싶다고 물었을 때 이렇게 답한 적이 있다. "혜지 씨는 글 안 쓰고 살 수 있어요? 전 어떻게든 글을 써서 다른 사람에게 나를 보여줘야 하는 사람이에요. 글을 쓰지 않는 나를 상상할 수 없어요. 그게 책이든 일기든 SNS든 상관없어요." 사실 커피가 또 그렇다. 난 커피랑 글쓰기가 아니면 안 되는 사람이다. 먹고사는 문제를 넘어 존재의 문제다. 세상에 힘들지 않은 일이 어디 있을까? 몸도 마음도 힘들 때가 많지만 즐거운 일도 많다.

카페에서 일하다 보면 정말 많은 사람들을 만난다. 다양한 삶을 직간접적으로 경험할 수 있는, 누구나 한 번쯤 해 보면 좋을 의미있는 일이라고 생각한다.

먹고사는 일이 중요하지만 인생에 그게 다는 아니니까. 이경언 바리스타는 "커피 때문에 매 순간 행복하진 않지만 커피를 하면서 행복한 순간이 있어 포기할 수 없다"고 길고 어려운 대화 도중 고백했다. 커피는 우리의 인생 그 자체다. 커피 일이 즐거울 때도 버거울 때도 있지만 어쩌면 즐거움이란 내가 얼마나 몰입해서 시간을 보내느냐에 따라 그 깊이도 달라질 수 있다. 어느 누구도 해 줄 수 없는 오롯이 나 스스로 해내야 하는 일이다. 커피를 내리는 일은 보기와 달리 기술에 대한 의지와 승부욕이 없다면 오랫동안 바리스타로 남기는 어렵다. 내 삶에 대한 존중도 포기할 수 없다. 커피와 나 사이의 아슬아슬한 균형 잡기에 성공했을 때야 비로소 멋쟁이 바리스타가 된다.

커피에 정답이 있을까? 답이 없는 것 같으면서도 있지만 손님도 동료도 그 누구도 정답을 알려주지 않는다. 온전히 자기 스스로 기준을 잡아야 하는 일. 마치 인생에서 행복을 찾는 일처럼 때로는 이기적이고 외로운 일이다. 행복은 맛있는 커피와 같아서 잡힐 듯 잡히지 않는다. 세상에서 제일 맛있는 커피를 머릿속에 그려 보자. 얼마나 맛있고 기분이 좋을까. 행복도 커피도 마음으로 바라고 상상하고 꾸준히 목표를 향해 걷다 보면 언젠가 생각보다 가까이에서 만나게 될 지 모른다. 나조차도 아직 커피를 어떻게 해야 할지 충분히 정리되지 않아 부끄럽다. 내 마음에 차지 않는 정답이 아닌 커피를 손님에게 내어드리는 것만 같다. 그럼에도 나는 계속 손님들을 위해 커피를 고르고 내릴 것이다.

마지막으로 이제 막 커피 일을 시작한 바리스타에게 전하고 싶은 한마디는 부디 사람을 사랑하라는 것. 그것이 진정한 바리스타의 일이다.

GOOD BARISTA HANDBOOK
바리스타는 어떻게 일할까?

INTRODUCTION 주요 등장인물	4
PROLOGUE #1 좋은 바리스타가 되고 싶어요	6
PROLOGUE #2 이제 막 커피 일을 시작한 바리스타에게	9

**동네 카페에서
일을 시작합니다**

EPISODE #1 커피 한번 해 볼까?

커피 나쁘지 않은데? 뭐든 해 보기로 했다	27
오예! 출근 전!	36
사장님의 기억	39

CHAPTER 02 커피 바에 들어갑니다

EPISODE #2 첫 출근, 첫 만남

출근하면 바로 커피 내리는 거 아닌가요?	47
일단 커피 한잔할까요?	49
그래서 스페셜티 커피가 무엇이냐면	55
바리스타가 하는 일	59

EPISODE #3 커피 바 입성

신기하고 낯선 커피	67
초보 바리스타의 일 : 청소, 정리 관찰하기	72
일단 공간과 사람, 낯선 환경에 익숙해지자	75

EPISODE #4 메뉴 마스터하기

메뉴판에 없는데 주문이 들어온다	83
손님의 취향	86

EPISODE #5 커피 감별을 위한 커핑

어떤 커피가 맛있는 커피인가요?	91
커핑은 어떻게 하는 거죠?	94
낯설고 어려운 커피	98
트라이앵귤레이션의 추억	101

EPISODE #6 커피의 맛

커핑이 왜 중요한가요?	107
메쉬커피의 커핑 프로토콜	111

EPISODE #7 손님 관찰기

손님은 어떻게 대해야 할까?	117
친절함의 적정선을 찾는 일	121

 # 드디어 커피 추출

EPISODE #8 에스프레소와 필터 커피

에스프레소와 브루잉은 무슨 차이일까?	129
내가 내린 커피에 대한 마음	134
보기보다 더 어려운 에스프레소	138
에스프레소 재료에 대한 생각	141

EPISODE #9 에스프레소 추출

에스프레소 잘 내리는 법	147
에스프레소 초보를 위한 빨간펜	153
에스프레소 연습 일지	158
다시 한 번 정리하는 에스프레소 추출 팁	162

EPISODE #10 커피 브루잉

세상에나! 브루잉 쉽지 않아	165
추출을 잘하기 위한 조건	169
브루잉 연습 일지	172
메쉬커피가 제안하는 브루잉 팁	179

EPISODE #11 밀크 스티밍

우유를 얼마나 써야 밀크 스티밍을 잘할 수 있나요?	183
메쉬커피 스티밍 룰	189
밀크 스티밍 연습 일지	197
밀크 스티밍 Q&A	200

EPISODE #12 맛있는 커피

왜 제 커피만 맛이 없나요?	205
에스프레소, 언제쯤 제 마음대로 표현할 수 있을까요?	210
모든 바리스타들의 평생 고민	216

CHAPTER 04
커피에서 한 걸음 더 나아가기

EPISODE #13 바리스타가 피넛버터쿠키를 만들게 된 사연

바리스타 디저트도 만들어야 하나요?	223
새로운 걸 배운다는 의미	225

EPISODE #14 커피를 파는 방법

게이샤처럼 비싼 커피는 어떻게 팔까요?	229
냉정과 열정 사이, 게이샤	232
내가 내린 커피를 정직하게 팔면 돼	234

EPISODE #15 커피 문화를 만들어가는 일

커피 문화를 만든다는 게 무슨 뜻인가요?	239
우리는 어떤 문화를 만들어갈 수 있을까?	241
힙한 동네 성수동, 작은 카페의 특별함	243

EPISODE #16 유기적인 바 구축하는 법

좁은 바에서 바리스타들과 움직임이 겹쳐요   247
바가 유기적으로 움직이려면   250

EPISODE #17 바리스타의 하루

사장님이 하는 생각을 왜 나는 못 할까?   255
커피를 잘한다는 것   262

CHAPTER 05   주니어에서 시니어가 되어갑니다

EPISODE #18 커피 공부

바리스타는 무슨 공부를 해야 하나요?   267
커핑의 중요성을 깨닫자   269

EPISODE #19 메쉬커피에서 말하는 좋은 재료란

좋은 재료는 무엇일까?   277
메쉬커피가 재료를 보는 관점   279

EPISODE #20 커피 브루잉 수업

브루잉 수업을 진행하라고요?   285
누군가에게 알려주며 성장하기   292

EPISODE #21 이어서 샘플 로스팅까지

갑자기 샘플 로스팅요?   299
저마다 잘하는 일이 있다   302
샘플 로스터 설치 팁   307

EPISODE #22 미래에 대한 고민

제 미래는 어떻게 될까요?	313
누구도 알려주지 않는 성공의 기준	315

EPISODE #23 주위의 시선

커피하면서 행복하신가요?	321
바리스타, 먹고살기 나쁘진 않다	323

BONUS TRACK #1 커피, 무엇이든 물어보세요	328
BONUS TRACK #2 메쉬커피 시크릿 레시피	333
RECOMMEND 바리스타의 미션이 무엇인지 묻는다면	336

EPILOGUE 커피 잘하는 법 : 이제 제법 커피가 익숙한 바리스타에게
338

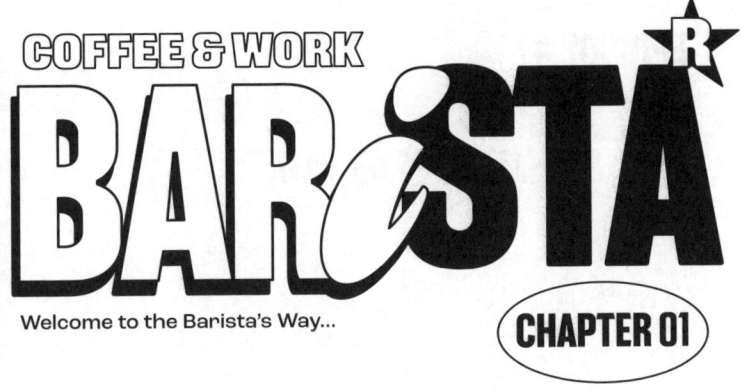

동네 카페에서 일을 시작합니다

커피 한번 해 볼까?

 **커피 나쁘지 않은데? 뭐든 해 보기로 했다**

나는 왜 바리스타가 되고 싶었을까?

아주 어릴 적에 꿈꾸던 카페 사장님이 되고 싶었나? 아니면 빨리 자리 잡을 수 있는 일을 하고 싶었나? 나는 커피를 좋아했나? 잘할 수 있는 일이라 생각했나?

무수히 많은 이유를 떠올려 봤지만, 정확하게 '이거다!' 싶은 것은 없었고, 수많은 질문들 하나하나가 전부 바리스타를 하기로 한 이유였다. 마침 커피를 직업으로 삼기에 진입 장벽도 높지 않았다. 음, 더 솔직히 말해서 조금 만만해 보여서 해 볼 만하다는 생각이 들긴 했다.

큰 목표는 없었다. 부끄러운 이야기지만 '할 거 없으면 카페나 할래?'라는 어머니의 권유에 진지하게 고민해 보지 않고 괜찮겠다 싶었다. 카페인에 민감하게 반응하는 편이라 커피를 많이 마시지 못했지만, 동네 단골 카페에서 커피를 마시며 사장님과 수다 떠는 것은 좋아했으니까. 유쾌했던 카페 사장님은 종종 다양한 원두를 로스팅해서 커피 맛을 보여주곤 했는데, 그때의 경험은 아직도 인상 깊게 남아있다. 커피 맛보다는 카페 사장님이나 다른 손님들과 노는 게 더 재밌었고, 덕분에 카페라는 공간 자체를 긍정적으로 바라보게 되었다. 사람 만나는 걸 좋아하는 내 성격과 바리스타라는 직업이 잘 맞아서 큰 고민 없이 가벼운 마음으로 뭐든 해 보기로 한 것이다.

    평소에도 맛이나 향에 예민한 편이라 생각보다 잘할 수 있지 않을까 하는 자신감도 있었다. 마음을 먹었으니 일을 하려면 커피 공부를 해야겠다고 생각해 커피 학원과 자격증을 알아보기 시작했다. 우선 부산에 있는 커피 학원에 등록해 추출부터 커핑, 로스팅까지 커피와 관련된 수업을 다 들었고, 그중 커핑이 제일 재밌었다. 향미에 민감한 편이라고 자부했던 내 예상과 달리 커피에서 느껴지는 뉘앙스는 잘 이해되지 않고 그저 신기하기만 했다. 커피는 배우면 배울수록 오히려 고민이 많아졌는데, 가볍고 재밌게 시작했던 일들을 잘 해내고 싶어지기 시작한 것도 그 무렵부터였다. 이왕 하기로 마음먹은 거 정말 잘하고 싶었다.

    대한민국에서도 중심인 서울, 이곳에 오니 번화가 대로변은 물론 동네 골목골목에서도 개성 있는 카페들을 쉽게 마주할 수 있었다. 스타벅스처럼 누구나

다 아는 글로벌 커피 프랜차이즈부터 한적한 동네에 소박하게 꾸며 놓은 여유로운 카페까지. 서울에선 커피를 하기 위해, 바리스타가 되기 위해 고를 수 있는 선택지가 생각보다 많았다.

     남들이 알아주는 곳에서 보통의 회사원들처럼 직급이 올라가는 직장인으로서 바리스타가 될 것인가, 아니면 언제가 될지 모르지만 나만의 카페를 차리기 위해 작은 공간에서 모든 일을 다 해내야 하는 바리스타가 될 것인가. 시작하기 전부터 고민할 것들 투성이었다. 세상에 쉬운 일은 없다. 만만하게 '내 취향에 가까운 카페나 하지 뭐'라고 생각했던 내가 부끄러워졌다. 수많은 카페만큼이나 수많은 가능성이 놓여있고, 그 기로에서 내 선택이 곧 미래를 결정짓게 될 텐데 말이다. 일단 나중에 어떻게 될지 몰라도 내 감과 운을 믿고 시작해 보기로 했다. 어쩌면 나는 운이 좋은 사람일지도 모르니까. 그러던 내가 어쩌다 메쉬커피에서 일을 시작했을까?

"메쉬커피에 대해 아는 것을 적어 주세요."

     입사지원서에 적힌 첫 번째 질문이었다. 지원서 양식이 구글폼인 것부터 신기했지만, 나이도 성별도

묻지 않고 뜻밖의 질문을 먼저 던진 것에 흥미를 느꼈다. 첫 질문의 답은 어렵지 않았다.

커피에 대해 아는 것이 많지 않았던 시절, 무심결에 방문한 메쉬커피는 여러모로 인상적인 곳이었다. 때는 겨울에서 봄으로 넘어가는 계절이었고, 부슬부슬 봄비가 내려 따뜻한 커피가 잘 어울리는 그런 날이었다. 오전 11시 즈음 고향으로 내려가는 기차를 타러 서울역으로 가려다 시간이 남아서 예전에 추천 받은 메쉬커피로 향했다. 쌀쌀한 날씨에 따뜻한 엘살바도르 커피를 주문해 에스프레소 머신 앞 작은 벤치에 앉았다. 자리에 앉아 숨을 고르고 고개를 드니 그제야 환한 조명과 매장 안을 가득 채운 버터향이 느껴졌다. 주방에서 쿠키를 굽는 모양이었다.

매장 한쪽의 턴테이블에서는 노이즈가 섞인 음악 소리가 나지막이 흐르고 있었고, 투명한 유리벽 너머 로스팅실에서는 커피를 로스팅하는 냄새가 흘러나왔다. 버터향이 섞인 달콤한 향기가 공간을 가득 채웠다. 그 조용함과 아늑함이 정말 좋았다. 혼자 떠난 여행에서 아침에 조용히 커피를 마시러 나온 기분. 낯선 분위기가 주는 묘한 설렘과 향긋한 냄새, 따스한 무드가 모여 나 혼자만의 시간을 완성해 주었다. 그 분위기에 취해서 그런 것인지 내가 주문한 커피는 이상하리만큼 달콤했고, 커피가 다 식기도 전에 잔이 바닥을 드러냈다. 커피가 따뜻해서였는지, 공간이 따뜻해서였는지 쌀쌀했던 날씨는 잊은 채 그날의 기억은 온통 온기로 가득했다. 조금 부담스러운 단어로 지원 동기를 설명한다면 '그냥 좋아서'라고 대답할 수 있겠다. 그날의 나는 충분히 즐거웠고, 설렜으며 행복했다. 이 감정을 그대로 누군가에게 전달할 수 있을지, 나조차도 그 감정을 다시 느낄 수 있을지 장담하지 못했지만 그 순간에 나는 만족했기 때문에 그냥 좋았다. 일을 한다면 이런 곳이면 좋겠다 싶었다.

물론 단순히 느낌만 좋아서 지원한 것은 아니었다. 당시에 내가 세워둔 나름의 기준이 있긴 했다. 스페셜티 커피를 취급하는 카페일 것, 집에서 30분 이내로 출퇴근이 가능할 것, 최소한 기본급은 받을 수 있을 것.

사실 처음 커피를 해 보겠다고 마음먹었을 때 취업을 할지 매장을 차릴지도 결정하지 못한 상태였다. 커피를 하고 싶다는 생각에 일단 무작정 커피 학원을 등록해 자격증 시험 공부를 하면서 커피에 대한 기본 지식을 배웠다. 커피를 많이 알아둬야 한다는 생각에 유명하다고 소문난 커피 업체를 다니며 다양한 커피도 경험했고, 그즈음에 '스페셜티 커피를 해야겠다!'는 생각이 들었다. 정확히 스페셜티 커피가 무엇인지 정의 내릴 수는 없었지만, 그저 기계처럼 커피를 내리고 건네는 사람이 되고 싶지 않았다. 조금 더 맛있는 커피를 내려 내가 좋아하는 사람들과 함께 나눌 수 있는 공간을 떠올리면 스페셜티 커피를 다루는 카페가 더 맞지 않을까 싶었다.

고민 끝에 맛있고 다양한 커피를 많이 경험할 수 있는 서울에서 일해야겠다고 마음먹었다. 유명한 데서 일을 시작해야겠다는 마음보다는 보다 많은 경험을 쌓기 위한 시작점을 찾아 서울을 택했다. 집과 직장 사이의 거리가 멀지 않아야 체력과 시간을 많이 소모하지 않고 나에게 쓸 수 있는 에너지를 잘 활용할 수 있을 것이라 생각했다. 그렇게 두 번째 조건까지는 만들어졌다. 문제는 세 번째 조건이었다. 이제 막 일을 시작한 입문자니까 무지막지하게 큰 돈을 바라진 않았지만, 그렇다고 기본적인 생계를 위협 받을 정도로 열악한 환경에서 일하고 싶진 않았다. 주변 사람들에게 물어보거나 취업 커뮤니티, 카페 정보 사이트에서 업체별로 어떤 조건을 제시하는지 파악하면 됐지만, 당시에는 그렇게까지 자세히 찾아 보진 않았던 것 같다. 그저 빨리 일을 시작하고 싶었고, 조급한 마음에 최저임금이라는 최소한의 제한을 둔 것이었다.

당연하게도 메쉬커피에만 지원한 것은 아니었다. 스페셜티 커피 업체를 찾아봤지만 무엇이 스페셜티 커피인지 제대로 알지 못했기 때문에 그저 스페셜티 커피를 취급한다는 카페를 후보로 두었다. 게다가 집 근처에는 수많은 카페가 있었고, 생각보다 기본급 이상을 제공한다는 카페들도 꽤 많아 여러 곳에 지원서를 넣을 수 있었다. 당연하게도 대부분 탈락했다. 언제 어떻게 넣었는지도 모를 카페들에서는 몇 주가 지나도 감감무소식인 경우가 많았고, 당시 면접 연락이 왔던 곳은 제일 마지막에 지원한 메쉬커피가 유일했다.

누군가 내게 면접에 대해 묻는다면 할 수 있는 이야기가 개미 눈곱만큼도 없지만, 쥐똥만큼 생각나는 몇 가지는 말하는 사장님들의 모습과 같이 면접을 본 지원자들의 말과 행동이었다. 당시 여러 지원자들과 사장님들이 한자리에서 이야기를 나누는 다대다 방식의 면접을 봤는데 성별은 물론이고, 경력이나 목적도 다른 다양한 사람들이 함께했다. 평소에는 쉽게 들을 수 없는 이야기였기에 평소보다 조금 더 사람들이 말하는 내용을 귀담아 들었는데, 솔직히 말하면 긴장감을 털어내고자 여기저기 눈을 맞추며 집중하려고 노력했던 게 더 컸다. 합격 소식을 들었을 땐 내가 당시에 대답을 당차고 조리 있게 잘해서 합격된 게 아닐까 싶었는데, 나중에 사장님들께 듣기론 주변에 집중하고 경청하는 모습이 인상적이어서 뽑았다고 했다. 역시 사람 일은 아무도 모를 일이다.

"사장님, 근데 면접에서 자격증에 관해선 안 물어보셨죠?"
"아냐, 물어봤어. 커피 공부를 한 적이 있냐는 질문이었나 그랬을 거야."
"아 진짜요? 이름도 나이도 안 물어보셔서 자격증에 대해서도 물어보지 않으셨다고 생각했어요. 그럼 자격증이 있으면 가산점이 있나요?"
"현장에서 일할 때 이 사람이 얼마나 아는지를 파악하려면 자격증이 있고 없고는 중요하지 않아. 하지만 커피에 대한 열정까진 아니어도 어느 정도 관심이 있나 없나를 확인하는 기준은 될 수 있겠지. 같은 점수의 후보자가 두 명 있다면, 자격증이 있는 사람이 커피에 대한 관심이 더 많다는 의미일 수 있으니 그때는 가산점을 줄 수 있지. 근데 일을 시작했는데 생각보다 별로 관심이 없어 보인다 싶으면, 기대감으로 올렸던 점수가 마이너

스로 돌아설 수 있지."

    누군가 메쉬커피에서 일하는 것의 장점을 묻는다면, 오전 8시 30분 출근, 오후 5시 30분 퇴근이라는 칼 같은 근무시간으로 인해 저녁이 보장되는 삶을 누릴 수 있다는 점과 정기적인 스케줄 근무, 보장된 연차 제도, 20분컷인 가까운 출퇴근 거리 등 다양한 대답을 할 수 있겠지만, 가장 큰 장점은 내가 어떤 커피를 하고 있는지 꾸준히 알아갈 수 있는 환경이 조성되어 있다는 점이다. 카페에서 일하면서 오히려 사장님이 되겠다는 생각은 사라졌고, 쉽게 생각했던 커피가 어려워졌다. 여전히 스페셜티 커피를 정확하게 정의하지 못한 채로.

오예! 출근 전!

'같이 일하는 사람들은 어떤 사람들일까? 사장님들은 어떤 분들일까? 이래저래 잘 맞으면 좋겠는데…. 까다롭지 않았으면 좋겠다. 나 잘 적응할 수 있을까?'

분명 얼마 되지 않은 일인데 첫 출근 전에 내가 어떤 마음가짐이었는지 잘 기억나진 않는다. 말로는 긴장하지 않았다, 큰 걱정 없었다, 별 느낌 없었다고 했지만 정말 내가 그랬을까? 내가 아는 나는 걱정이 많은 사람이다. 그 고민의 깊이가 깊진 않지만, 얕은 수준의 고민들을 많이 하는 편이다. 그런 내가 아무런 걱정이 없었다고 말한다면 아마 거짓말일 것이다. 아주 천천히 그때의 기억을 되새겨 봤다. 우연히 본 공고에 즐겁게 내용을 작성해 지원서를 제출했고, 이게 될까 싶었는데 면접을 봤고, 정신을 차려 보니 출근이 코앞이었다.

뚜렷하게 기억하는 장면은 면접을 보고 돌아가는 택시 안에서 기훈 사장님의 전화를 받은 것. 솔직히 그거 하나였다. 간절하지 않다고 생각했는데 긴장이 풀려서였는지 아니면 생각지도 못한 기회에 기뻐서였는지 전화를 끊은 뒤 바로 어머니와 통화를 나누고 눈물을 찔끔 흘렸던 기억도 난다. 찬찬히 기억을 다시 더듬어 보면 면접이 끝나고 출근하는 날까지 심장이 계속 쿵쾅대고 엔돌핀이 과하게 분비되는 약간의 흥분 상태였던 것 같다. 어쩌면 그래서 기억이 뚜렷하지 않은 것일 수도. 흐릿한 기억 속 지배적이었던 고민 하나가 생각난다. '나 잘할 수 있을까?'

제대로 사회생활을 해 본 적도, 기술적으로 경력을 쌓은 적도 없는 내게 이 시작은 분명 무섭고 두려운 일이었다. 낯선 공간에서, 낯선 사람들과, 낯선 일을 한다는 것에 막연한 걱정이 앞섰다. 오히려 '내가 이 일을 얼마나 잘 해낼 수 있을까?'에 대한 고민은 적었다. 함께 일하는 동료들 가운데 누군가는 '메쉬커피에 잘 녹아들 수 있을까?'가 가장 큰 고민이었다고, 다른 누군가는 '기대에 부응하지 못하면 어쩌지' 걱정했다고 했다. 그 말을 듣고 나니 나 역시 비슷한 걱정을 했던 모습이 떠올랐다. '면접 때 나 좀 오버했는데, 그런 모습이 아니라서 실망하면 어떡하지?' 하는 걱정도 들었다. 하나하나 되짚어 보니 기억이 잘 나지 않는다는 말이 무색하게 그때 했던 수많은 고민들이 떠오르기 시작했다. 그나마 다행인 점은 고민이 더 늘어날 새 없이 바로 출근했다는 것이다. 결국 마지막에는 '어떻게든 되지 않을까?' 싶은 조금은 가벼운 생각으로 시작했던 것 같다. 이미 고양된 심장과 몸의 텐션은 두근두근보다 쿵쾅쿵쾅에 가까웠지만, 되도록 마음을 놓아 보자는 것이 나의 마지막 노력이었다.

 **사장님의 기억**

    대학교 졸업반 마지막 학기에 아르바이트로 가볍게 커피 일을 시작했다. 부담 없이 지원한 자리지만 떨어지면 어쩌나 걱정스러운 마음은 마찬가지였다. 학교를 졸업한 후 진지한 마음으로 바리스타에 지원했을 때, 연락을 기다리고 가까스로 면접을 보게 되었을 때도 긴장한 마음에 실수하고 떨어지길 수차례 반복했다. 그런 경험들이 차곡차곡 쌓여 마침내 운 좋게 합격 전화를 받고, 기대하던 첫 출근을 할 때의 마음을 누구보다 잘 안다. 긴장되면서 또 설레기도 하는 마음. 바리스타를 채용하는 카페 매니저가 되고 나서도 누구보다 꼼꼼하게 이력서와 자기소개서를 살펴보았다. 글에서 느껴지는 감각을 통해 그 사람을 편견 없이 그대로 바라보려고 노력했고. 이력서에 한 줄 추가하기 위한 스펙과 경력만으로 설명할 수 없는 좋은 사람을 찾기 위해서 말이다. 내 경험에 미루어 면접 당사자를 만나면 긴장을 풀어주려고 실없는 농담을 하기도 했고, 마음이 잘 맞는 사람을 만나면 지원자의 살아온 이야기를 듣느라 면접만 50분 넘게 보기도 했다. 지금도 종종 면접에서 아깝게 떨어질 바리스타에게 어떻게 커피를 하면 좋

은지, 조금 먼저 같은 길을 걸어 본 사람으로서 이야기를 하느라 오지랖을 부리기도 한다. 이번에는 이어지지 못할 인연에 대한 안타까움과 커피를 직업으로 삼다 보면 언젠가 다시 만날 거라는 믿음과 동료의식을 담아서. 지원서를 받고, 면접을 보고, 합격 여부를 알려주는 순간까지 정말 많은 감정들이 오간다. 지원한 사람들의 다양한 대답과 그 인생에 대한 궁금증, 놀라움, 직접 만났을 때 보여주는 다채로운 표정과 서로 주고받는 감정, 새로운 사람에 대한 기대감, 함께하지 못하는 사람들에 대한 아쉬움 등. 그 많은 감정들이 한숨에 들어와 빠져나가면 기운이 한풀 꺾이긴 하는데, 한편으로는 미래에 대한 희망으로 가득 차올라 금세 신이 난다.

지원자들 중에는 손님이었는데 면접까지 본 사람도 있다. 매일같이 커피를 마시러 오던 근처 건축사무소의 단골 손님도 있었고, 메쉬커피를 좋아해서 종종 찾아오던 바리스타도 있었다. 이경언 바리스타는 조금 다른 경우지만, 지금 와서 생각해 보면 같은 공간에 함께 있던 기억이 참 좋았다. 메쉬커피에 지원하기 한참 전이었던 겨울, 경언 씨가 처음 왔을 때는 마침 손님도 없어 매장은 점심시간의 부산스러움을 준비하는 폭풍 전 고요와 같은 시간이었고, 날씨도 흐려서 길에 다니는 사람도 적은 날이었다. 이런 날은 혼자서 커피를 즐기기에 좋은 날이다. 커피를 주문하는 것 외에 별다른 이야기를 나누지 않고 조용히 커피를 즐기다 가는 손님. 보통의 날이었고, 보통의 나는 기억하기 어려운 일이었다. 하지만 그날의 경언 씨는 조용히, 그리고 조심히 머물며 아무 말 없이 커피와 그 순간에 집중하고 있었다. 커피를 좋아하는 디자인 계통의 사람인가 추측하며 조심스럽게 커피가 어떠셨냐고 한마디 건네야겠다고 속으로 생각할 무렵, 아메리카노 한 잔을 포장해달라고 했다.

    나중에 일을 시작하고 충분히 친해졌을 때, 메쉬커피에서 제일 좋았던 순간이 언제였냐고 물었고 경언 씨는 이날을 꼽았다. 여행 와서 아침에 여유롭게 커피를 마시러 나온 그런 기분, 그래서 더할 나위 없이 참 좋았다고. 내 기억에도 경언 씨는 제대로 커피를 즐기고 있었다. 15분 정도 되는 짧은 순간이었지만 참 특별한 분위기의 손님이라고 느꼈다. 카페를 운영하다 보면 이런 순간은 종종 찾아오고, 특별한 인상 역시 순간이 지나면 잊히기 마련이다. 하지만 내 기억에 남아 이렇게 추억을 떠올릴 수 있는 이유는 경언 씨가 추가로 주문한 아메리카노 한 잔 값을 내지 않고, 자신이 부른 택시가 도착하자마자 급하게 뛰어나가던 모습이 남아있기 때문이기도 하다. 차마 받지 못한 아메리카노 금액은 순간의 좋은 추억에 대한 값으로 여기기로 마음먹었다. 나중에 인스타그램 DM으로 죄송하다고 다음에 꼭 드리겠다고 연락이 온 그 사람이 메쉬커피에 입사 지원을 하고, 면접을 보고 함께 일하게 될 줄 누가 알았을까? 또 이렇게나 바쁜 매장인 줄 알았다면 경언 씨는 메쉬커피에서 일을 했을까?

카페에서 일하면서 오히려 사장님이 되겠다는 생각은 사라졌고, 쉽게 생각했던 커피가 어려워졌다. 여전히 스페셜티 커피를 정확하게 정의하지 못한 채로.

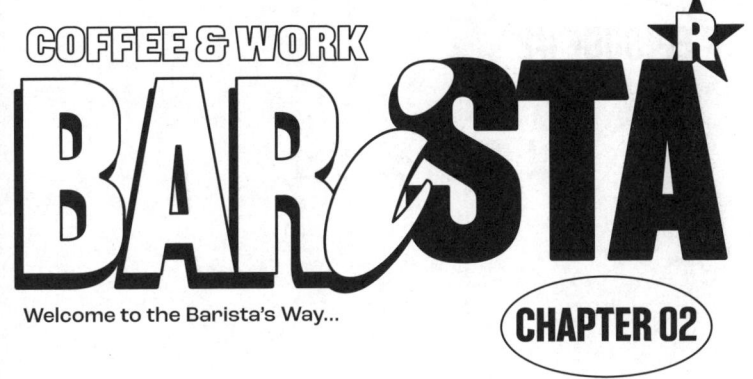

커피 바에 들어갑니다

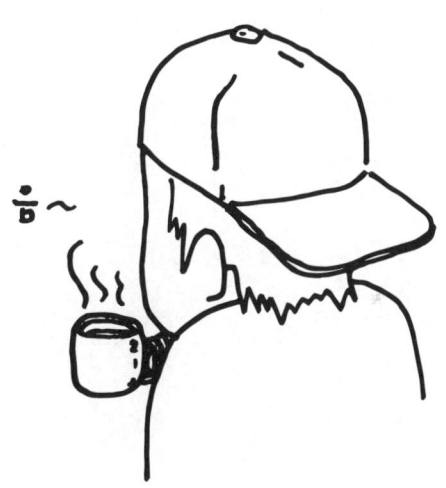

첫 출근, 첫 만남

 **출근하면 바로 커피 내리는 거 아닌가요?**

첫 출근을 하니 사장님이 매장이 아닌 면접을 진행했던 지하 워크룸으로 내려오라고 했다. 그리고 이어서 사장님이 가볍게 질문을 던졌다.

"경언 씨, 출근하면 커피 내리는 일부터 할 줄 알았죠?"

바리스타로 취직했으니 바로 커피를 내리는 일부터 시작할 거라 생각했던 내가 의아한 표정을 짓자 사장님은 메쉬커피의 이론 교육 및 실습 시스템에 대해 설명해 주셨다.

"제가 바리스타로 일하면서 현장에서 일하기 전에 차근차근 체계적으로 교육을 받고 일했던 적이 딱 한 번 있었는데, 그 기억과 경험이 너무 좋았어요. 그때가 공정 무역 운동을 하는 '아름다운 커피'에서 매니저로 일할 때였는데, 공정 무역 캠페인 활동을 하는 단체에서 운영하는 곳이다 보니 커피를 내리는 일 말고도 다른 업무들이 많았죠. '활동천사'라 부르는 자원봉사자 관리부터 사무실 내 소통을 위한 인트라넷 사용, 지출 결의서

나 연차 사용원 관리, 발주와 재고 조사를 위한 서식 작성, ERP 시스템 사용, 각종 보고서 작성 등. 현장직이지만 내가 사무직인가 싶을 만큼 서류 작업에 익숙해져야 했어요. 당연히 근무하기 전에 미리 이런 일들을 배워야 했고, 본격적으로 매장에 투입되기 전 사전 교육 기간이 따로 있었어요. 여러 교육 프로그램들 가운데 왜 우리가 공정 무역을 해야 하는지에 대해 배웠던 시간이 제일 기억에 남아요. 커피 산지와 관련된 이야기를 듣고 바리스타이자 공정 무역 활동가로 우리가 해야 할 일은 무엇인가에 대해 생각하게 되었거든요. 그때 교육을 들으면서 나중에 카페를 차리고 규모가 커진다면 꼭 이런 시스템을 적용해야지 마음을 먹었어요. 그래서 메쉬커피를 운영하면서 광교 갤러리아 백화점에서 일할 바리스타들을 고용할 때 5일간 진행되는 교육 시스템을 처음 만들었어요. 광교에서 서울숲까지 지하철로 1시간 40분이나 걸린다는 물리적인 거리의 장벽이 있긴 했지만, 바리스타들의 유대감은 물론 커피 품질과 매장을 모두 잘 관리하기 위해서는 필수라는 생각이 들었거든요. 그 교육 시스템을 오늘부터 경언 씨도 경험하게 될 겁니다. 잘 따라와 주세요."

 **일단 커피 한잔할까요?**

"만나서 반갑습니다. 메쉬커피의 로스터였고 여전히 바리스타이며, 지금은 카페의 전반적인 운영을 맡고 있는 김현섭입니다."

짧은 인사말과 함께 처음 출근한 경언 씨에게 첫 커피를 건넸다. 사실 말이 좋아 대표지 설거지나 손이 닿기 어려운 곳의 먼지 제거, 막힌 배관을 뚫거나 식물에 물을 주는 것 같은 사소해 보이지만 하지 않으면 매장이 돌아가지 않는 귀찮고 중요한 일들을 주로 하고 있다. 그러다 보니 이제는 내가 매장에서 커피를 제일 잘 내리는 바리스타가 아닐지 모른다는 생각도 든다. 하지만 아직은 그걸 받아들일 생각이 없고, 여전히 내가 내린 커피가 전 세계에서 제일 맛있다고 손님들과 같이 일하는 바리스타 동료들에게 이야기한다. 그렇게 바리스타의 자존심을 지키며 여전히 손님들에게 커피를 내려주고 기술을 갈고 닦는다.

함께 일하는 바리스타들이 어려움을 겪으며 힘들어 할 때 조언도 한다. 커피를 내리는 데는 수많은 변수들이 서로 상호 작용하기 때문에 바에서 오랫동안 일하며 경험한 노하우들이 필요하기 때문이다. 물론 인생 선배로서도 그렇다. 오픈 전 에스프레소의 미묘한 맛을 조정할 때 조언을 하거나 로스팅 후 품질 관리를 위해 커핑을 할 때 바리스타들이 어떤 요소들에 집중해야 할지 이야기해 주기도 한다. 동기 부여가 되면 좋겠다는 바람과 '나 때는 말이야'라며 자랑하고 싶은 마음을 반반 섞어 엘살바도르나 파나마 같은 커피 산지에 방문해서 커핑을 했던 옛날 이야기를 모험담처럼 자랑하기도 한다.

    예전처럼 온종일 커피를 내리는 일은 좀처럼 없지만 단골 손님들을 위해서 여전히 바에서 동료들과 함께 커피를 만드는 일을 즐긴다. 간혹 이젠 방해가 되지 않을까 하는 걱정도 들지만 함께하는 친구들이 좋은 바리스타로 성장했으면 하는 마음에 갖고 있는 지식이나 경험을 잘 전달하고 싶은 욕심이 강하기 때문이다.

    특히 새로운 바리스타가 커피 바에 출근하는 날이면 어떤 사람일까 궁금하고 설레는 마음과 더불어 커피를 내리는 바리스타의 일을 어떻게 알려줘야 할까 걱정이 앞선다. 내가 하는 얘기가 너무 어렵지는 않을까, 욕심만 앞서 너무 많은 정보를 한 번에 알려주는 건 아닐까, 내가 누군가를 가르칠 실력이 되긴 할까 하는 참 쓸데없는 걱정까지.

  나에게 바리스타는 먹고살기 위해 커피를 내리는 직업이기도 하지만, 내 꿈을 펼치는 자아실현의 방안이기도 해서 더 그렇다. 주변의 바리스타들을 관찰해 보면 돈을 많이 벌겠다는 마음으로 직업을 선택하기보단, 하고 싶은 일을 하며 살고 싶은 낭만적인 사람들이 많기 때문에 더 마음이 쓰인다. 그래서 처음부터 커피 내리는 법을 알려주지 않고 주절주절 뜬구름 잡는 소리일지도 모를 이야기를 경언 씨에게 했다. 작은 카페의 바리스타는 사람들을 많이 만나고 그만큼 이야기도 많이 나누다 보니 아무래도 직업병이지 않나 하는 생각이 들었다. 다시 한 잔의 커피를 내려주고 이제 바리스타가 되려면 알아야 할 것들을 배우고 익힌 다음, 익숙해져 보자고 말하며 예전에 메쉬커피를 소개하기 위해 만든 문장을 보여주고 이야기를 이어 나갔다.

> **"첫 시작은 단순했어요. 저희는 동네에서 함께 좋은 커피를 마시는 문화를 만들고 싶었어요. 커피를 잘 내리고 잘 팔겠다는 개인의 목표보다는 사람과 사람이 모여 이루는 문화가 되면 좋겠다는 욕망이 있었죠. 친구**

나 가족들에게 좋은 것을 주고 싶은 마음으로 제일 좋은 재료를 찾아다니고 새로운 기술을 연구하고 반영하는 것도 다 그런 이유에서에요. 커피를 하면서 이 문화적 연결고리가 내 예상보다 훨씬 크다는 사실을 체감했거든요. 커피와 나, 손님과 커피, 나와 손님의 관계라는 연결점들이 나와 커피와 생산자로 확장되고, 또 결국 소비자와 생산자도 관계 속에서 연결되어 있다는 점이 명확해진 거죠. 저희가 내리는 커피의 원재료를 재배하는 농부들도 역시 이 연결고리 안에 있습니다. 비행기로 12시간 넘게 떨어져 있지만 커피를 통해서 그걸 마시는 손님들과 연결되죠. 요즘은 SNS로 소통하는 젊은 커피 생산자들도 많아졌어요. 그들도 자신들의 커피를 마시는 사람들이 어떤 생각을 하고 어떤 느낌을 받는지 이해하고 연결되기를 원합니다. 저희는 그 가운데서 이야기를 전달하는 도구입니다. 그리고 이렇게 좋은 커피를 마시면 세상이 긍정적으로 바뀐다고 믿어요. 이것이 메쉬커피가 생각하는 커피의 힘입니다."

한마디로 제일 중요한 일은 '커피로 관계 맺기'다. 그동안 바리스타로 일하면서, 또 메쉬커피라는 작은 동네 카페를 열고 나서 더 강하게 든 생각이다. 사람은 외로운 존재라지만 사회적이어서 모든 것이 관계로 연결되어 있기 마련이다. 가깝게는 가족, 친구, 인근에 살거나 직장이 이 근처에 있는 동네 단골부터 멀리서 찾아오는 열광적인 커피팬들, 좋은 재료를 소개해 주는 그린빈 바이어, 좋은 커피를 소개하기 위해 열정을 다하는 주변 카페 사장님이나 바리스타들, 저 멀리 떨어져 있지만 때때로 SNS를 통해 소통하는 커피 농부들까지.

우리는 서로에게 영향을 주고 또 받는다. 이들을 서로에게 소개하고 연결시키는 일이 바로 바리스타의 일이다. 커피를 내리고 손님들에게 밝은 인사와 함께 내어드리는 이 단순한 일 말이다. 좋은 사람들에게 좋은 것을 내주는 것은 인류의 오랜 전통이었다. 그래서 재료에서부터 커피 한 잔을 완성하기까지 모든 과정에 신경 쓸 수밖에 없다. 커피 씨앗부터 컵까지 완벽하게 처리하려는 스페셜티 커피의 '시드 투 컵 Seed to cup' 개념은 어쩌면 자연스러운 일이다. 메쉬커피 역시 생두 선택 〉 보관 〉 로스팅 〉 커핑 〉 추출 〉 판매까지 모든 과정에 최선을 다하고, 이 모든 것을 하는 이유가 좋은 관계를 맺기 위해서라고 보면 정확하겠다. 대단한 일은 아니지만 메쉬커피에서 바리스타가 하는 일은 사람들을 행복하고 따뜻하게 하는 것이라고 설명하며 다음 말을 마무리로 첫 인사를 마쳤다.

"이경언 씨, 우리 같이 잘해 봐요."

그래서 스페셜티 커피가 무엇이냐면

스페셜티 커피, 다양성, 좋은 품질, 높은 부가가치. 누군가는 스페셜티 커피로 브랜드에 특별함을 더하거나 차별성을 표현하고, 또 누군가는 틈새 혹은 한몫 기회를 엿볼 테지만 나에게 스페셜티 커피는 '스페셜티 커피가 아니면 안 된다'는 그런 기준점이다. 그리고 이 기준은 단순하게 품질만으로 말할 수 없는 산업 안에서의 관계, 문화, 가치관 등이 얽혀 있다. 커피 한 잔이 뭐 그렇게 거창하냐고 할 수도 있지만, 나에겐 머그 속 세상이 신비롭고 알쏭달쏭 위험천만한 모험의 세계이자, 깊이와 너비를 가늠하기 힘든 커다란 세계관이다. 나는 항상 메쉬커피에서 스페셜티 커피의 세계로 같이 모험할 동지이자 친구를 찾고 있다. 그런데 어쩌면 스페셜티 커피에 대한 나의 생각이 같이 일하는 바리스타들에게 부담스러운 일일 지도? 이제 막 바리스타로 일하기 시작한 경언 씨에게 스페셜티 커피에 대해 가볍게라도 설명해 줘야겠다는 생각이 들었다.

"경언 씨는 스페셜티 커피가 뭐라고 생각해요?"
"스페셜티 커피에 대해 많이 들어서 마음으로는 아는

것 같은데 머리로는 모르겠어요."

"어렵죠? 나도 어려운 일인데, 경언 씨는 얼마나 어렵겠어요. 대학교 때 철학 수업 시간에 형이상학이라는 말도 내용도 어려운 학문을 이해하려고 하이데거의 〈이정표〉라는 책을 학기 내내 읽은 적이 있어요. 그때 하이데거 연구소 소장님이셨던 선생님도 '나도 아직 다 이해가 안 되는데 너희는 얼마나 어렵고 답답할까'라고 얘기해 주셨던 일이 기억나네요. 이제 막 커피를 시작하는 사람에게 스페셜티 커피가 뭐라고 생각하냐고 묻다니. 말이 한참 딴 길로 샜지만 일단은 가볍게 생각합시다. 답을 원하는 것은 아니니까요. 무엇인가를 정의하는 일은 참 어려운 일이에요. 예술가에게 '예술이 뭘까요?'라고 묻는 것처럼요. 메쉬커피를 좋아하는 한국을 대표하는 젊은 예술가 이광호 작가에게 작가님이 생각하는 예술이 무엇이냐고 물었을 때 엄청 심각해지면서 대답을 머뭇거렸는데, 그와 비슷한 맥락이지 않을까요? 예술을 바로 정의해서 딱 부러지게 이야기하지 못하더라도 예술이 예술이 아닌 것은 아니니까요. 덴마크 코펜하겐에서 로스팅을 하는 로스터에게 코펜하겐에서 제일 맛있는 에스프레소를 마실 수 있는 카페를 추천해달라고 한 적이 있었는데 그때도 비슷한 경험을 했어요. 편하게 자신이 좋아하는 카페 이곳저곳을 추천해 주다 베스트 에스프레소라고 하니 한 10분 넘게 깊은 고민에 빠진 그에게 내가 너무 못된 질문을 했다고 지금 추천해 준 카페들로도 충분하다고 말해 주었지요. 어쩌면 쉬운 게 어렵고, 어려운 게 오히려 쉽다는 삶의 법칙 같을지도 몰라요. 쉽게 써진 시가 내내 마음에 걸린 윤동주 시인처럼 말이죠. 평생 고민하고 자신의 답을 찾아가는 과정으로 생각해 봅시다. 정작 스페셜티 커피에 대해선 얘기도 안 했는데 시간이 이렇게 지나가네요."

큰 담론을 정의하는 일만큼 어려운 일은 없기에, 함께 고민하고 생각해 보자는 말로 빙빙 돌려 이야기를 건넸다. 스페셜티 커피 전문가인 바리스타들도, 한순간도 커피 없이 못 살 만큼 커피를 너무나 사랑하는 사람들도 잘 알지만, 또 잘 알지 못하기에 딱 꼬집어 얘기할 수 없는 것이다. 다들 스페셜티 커피를 어디서부터 어떻게 얘기해야 하나 고민에 빠지는 경우가 많다. 무언가를 정의한다는 일이 그렇다. 특히 사랑, 삶, 예술과 같이 추상적인 것을 정의하는 일은 참 어렵다. 사과는 빨갛고, 바나나는 노랗고, 기차는 길고, 빠른 것은 비행기처럼 쉽고 간단하게 얘기하면 좋겠지만 사과는 만유인력이고, 바나나는 앤디 워홀인 사람들도 있어서 생각을 함께 공유하고 '이것이 정답'이라고 얘기하긴 참 힘들다.

    보통 커피 바에서 만난 손님들을 살펴보면 스페셜티 커피에 대해 고급 커피, 산미가 있는 커피, 다소 비싼 커피라고들 생각한다. 커피 전문가로서 커피 산업의 관점으로 보자면, 스페셜티 커피는 생두 품질을 기준으로 전문 감별사가 평가 항목별 점수를 매겨 80점 이상을 기록한 커피라고 이야기할 수도 있다. 여기에 시드 투 컵이라고 부르는 커피 체인의 전 과정이 투명하고 잘 관리된 커피라는 점도 덧붙이면 설명이 더 풍부해진다.

    그렇다면 메쉬커피에서는 어떻게 스페셜티 커피를 이야기할 수 있을까? 커피의 품질적인 측면과 더불어 생산자와 소비자가 윈윈Win-win하는 발전된 커피 문화를 기반으로 하고 있다고 생각한다. 한마디로 정리하자면 스페셜티 커피란 좋은 품질을 기반으로 한 커피 커뮤니티다. 경언 씨에게 커피를 좋아하는 바리스타로서 메쉬커피에서 스페셜티 커피란 물음에 자신의 생각을 발전시켜 덧붙여 보면 좋겠다고 생각할 틈을 남기며 마무리했다.

 **바리스타가 하는 일**

　　잠깐의 휴식을 마치고, 앞서 스페셜티 커피라는 말을 정리한 것처럼 바리스타라는 말을 정의하는 어려운 일을 시작했다. 쉬워 보이지만 어렵고, 어렵다고 하기에는 또 쉬운 일. 처음 바리스타를 시작하는 사람을 겁먹게 할 수는 없으니 초등학생이 내 앞에 있다 생각하고 이야기를 풀어 나갔다. 나이 차이가 16살이나 나니 따지고 보면 2002년 월드컵 때 내가 광화문 광장에서 맥주를 마시며 응원하던 시절에 경언 씨는 아직 초등학교 입학 전이었다. 그러니 눈앞의 파릇파릇한 청춘을 정말 초등학생 바라보듯 봐도 틀린 말은 아니다. 그래도 어른은 어른, 예의와 격식을 차려 말을 이어 나갔다.

　　바리스타를 한마디로 말하자면, 커피를 잘 알고 잘 내리는 커피 전문가다. 바리스타라는 말은 바에서 일하는 사람을 뜻하는 이탈리아어지만 이제는 커피를 전문적으로 내리는 사람이라는 의미로 더 많이 쓰인다. 간혹 손님들에게 아르바이트 소리를 들을 때도 있어 속상하기도 하지만, 초등학생들이 커서 되고 싶은 꿈이라는 말에 뿌듯한 마음이 들 만큼 전문성을 인정받아 기쁘기도 하다.

기본적으로 바리스타는 커피를 중심으로 좋은 재료를 활용해 음료와 디저트들을 제조해서 손님들에게 친절하게 내어드리는 사람이다. 카페가 경제적인 어려움을 겪지 않고 착착 성장할 수 있도록 운영 전반을 살피는 카페 경영의 살림꾼이기도 하다. 공간을 채우는 음악을 고르고 카페의 개성을 표현할 소품들을 배치해 손님에게 자신을 표현하는 일도 빼놓을 수 없다. 커피를 내리는 동시에 손님과 안부를 주고받으면서 바리스타 동료들과 티키타카 호흡을 맞추고, 멀리 손님이 떨어뜨리는 스푼도 체크해야 한다. 정리가 안 된 테이블은 어디인지 파악하고 가게의 어느 부분을 더 예쁘게 다듬을까를 고민하며 한편으로는 오늘 매출을 재빠르게 확인하기도 한다. 이쯤 되면 만능 엔터테이너이자 르네상스 시대의 레오나르도 다빈치 같은 다재다능한 사람이 바리스타이지 않을까 싶다.

물론 바리스타에게 커피를 내리는 일이 무엇보다 중요하지만 일단 커피를 내리는 기술은 나중에 이야기하기로 하자. 어쩌면 성공의 열쇠라고 꼽을 수 있는 일은 바로 사람이겠다. 좋은 바리스타는 커피를 잘 내리는 사람만이 아니라 바로 자신을 이해하고 받아들이는 스스로에게도 좋은 사람이라고 생각한다. 인생은 결국 내가 제일 소중하고 내가 행복할 때 나를 중심으로 좋은 영향력이 퍼져 나간다. 이렇게 모든 일은 나 자신에서 시작된다고 생각해 보자. 커피를 내리는 일 역시 나를 위한 일이자 행복하게 살기 위해서 하는 일이니까. 내 마음이 즐거움과 열정으로 가득할 때 다른 사람과 커피에게도 그 에너지가 전달된다고 믿는다.

그래서 내가 생각하는 바리스타의 첫걸음은 나를 돌아보고 이해하기가 먼저다. 편견이나 고정 관념을 버리고 자신을 믿고 당당하게 마음을 열어 보자. 그리고 자신이 원하는 일과 목표를 스스로 정해서 동기 부여를 해 보자. 처음부터 큰 목표를 두기보다는 작은 성공을 반복하는 일이 중요하다. 바리스타로서 일하다 보면 어려움에 부딪힐 때가 있는데, 이럴 때는 긍정적인 태도로 생각하고 해결하는 방식 역시 중요하다.

이제는 나에게서 동료로 경계를 넓혀 보자. 하루 종일 함께하는 바리스타 팀원들이나 매일 찾아오는 손님들은 어쩌면 가족보다 더 오랜 시간을 함께 보낼지도 모르는 사람들이다. 이들과 합을 이루며 팀워크가 잘 이루어질 때 비로소 바리스타는 바에서 빛이 난다. 팀빌딩을 잘하는 방법은 경쟁보다는 연대를 중요시하고, 서로 팀을 존중하고 돕는 사람이 되는 것이다. 말하지 않아도 알아차릴 만큼 마음이 통하면 참 좋겠지만 바에서 하나가 된 것처럼 유기적인 움직임이 나오려면 바리스타들 사이의 의사소통이 무엇보다 중요하다. 존중을 바탕으로 동료를 믿고 필요한 사항을 서로 이야기해야 한다. 커피 바에서 같이 커피를 내리는 동안은 선후배도 직급도 모두 내려놓을 필요가 있다. 손님에게 맛있는 커피를 완벽하게 내어드리는 것이 우리의 목표니까. 또 동네의 다른 카페 혹은 내가 놀러간 어느 도시의 카페 바리스타 역시 커피 산업 안에서 같이 일하는 동료라고 볼 수 있다. 커피에 대한 생각과 감정을 나누는 것은 분명 좋은 일이다.

　　마지막으로 바리스타가 내린 커피를 마시는 손님을 빼놓을 수 없다. 커피 바는 손님과 바리스타를 물리적인 공간으로 나누지만 다시 커피를 사이에 두고 연결시킨다. 낯선 사람과 대화하는 일이 쉽진 않지만 카페에서 바리스타가 내려주는 커피 한 잔은 경계심을 허문다. 짧은 시간이나마 커피를 마시면서 바리스타는 누구와도 친구가 될 수 있다. 카페에 들어와서 주문을 하고 커피를 내리는 모습을 지켜보다 커피를 받아들고 마침내 마시는 한 모금. 그리고 이어지는 대화. 이런 순간들의 경험이 결국 오디언스Audience라고 하는 열광적인 커피 팬을 만든다.

이야기를 듣다 보니 좋은 사람으로 사는 방법에 대한 수업을 듣는 것 같은 느낌이 든다면? 그렇다. 좋은 바리스타는 결국 좋은 사람이다. 하루를 잘 사는 사람이 맛있는 커피를 내릴 수도 사람들과 행복을 나눌 수도 있다고 믿는다. 경언 씨의 표정은 한없이 진지했지만 내가 하는 말을 어느 정도 이해했는지 나로서는 알 수 없었다. 눈을 보니 긴 교육 탓에 졸린 것처럼 느껴졌다. 교육을 시작할 때 내가 하는 이야기들을 잘 적어 두면 필요한 순간이 있을 것이라고 이야기했다. 지금은 이해가 안 되더라도 경험이 쌓이고 막막한 상황에서 그 내용을 꺼내 펼쳐 보면 스스로 답을 찾아 헤쳐 나갈 실마리가 될 테니까.

"경언 씨? 여전히 잘 모르겠지만, 이제 정말 바리스타니까 이 일을 하는 동안 '바리스타는 무엇일까' 고민을 해야겠지요? 다시 한 번 요약하자면 바리스타라면 커피에 대한 전문 지식을 가지고 올바르고 정확한 설명을 해야 하고, 커피만 내리는 것이 아니라 그와 함께 고객에게 커피 경험을 제공해야 해요. 커피 음료 전문가로

서의 역할은 당연하다고 볼 수 있어요. 그리고 먹고사는 일이니 매출에 대한 고민을 해야겠지요. 상황에 맞는 서비스를 제공하고 그에 따른 매출의 증가도 고려해야 합니다. 그래야 우리가 망하지 않고 오래오래 같이 좋은 커피를 할 수 있으니까요."

첫 시작은 단순했어요. 저희는 동네에서 함께 좋은 커피를 마시는 문화를 만들고 싶었어요. 커피를 잘 내리고 잘 팔겠다는 개인의 목표보다는 사람과 사람이 모여 이루는 문화가 되면 좋겠다는 욕망이 있었죠. 친구나 가족들에게 좋은 것을 주고 싶은 마음으로 제일 좋은 재료를 찾아다니고 새로운 기술을 연구하고 반영하는 것도 다 그런 이유에서에요.

커피 바 입성

 ## 신기하고 낯선 커피 바

드디어 처음으로 바에 들어갔다. 손님으로 갔을 때 이미 본 익숙한 모습이었지만, 입장이 바뀌어서 그런가 새삼 다르게 보였다. 안내인을 자처한 사장님을 따라 바 안으로 들어서니 밖에서 보던 것과 확연히 다른 모습이었다. 출입문과 마주한 커피 바에는 에스프레소 머신을 중심으로 오른쪽에는 각기 다른 원두가 들어 있는 에스프레소 그라인더 두 대가, 그중 오른쪽 그라인더 아래에는 자동 탬핑Tamping 기계가 놓여 있었다. '와, 내가 알던 거랑 다른 생김새다! 뭐지 이게? 내가 아는 에스프레소 바에는 큰 머신이 올려져 있었는데….'

신기하게 주변을 둘러보고 있으니 사장님은 별거 아니라는 듯 에스프레소 한 잔을 뽑아 주셨다. 그 과정이 무척 신기했다. 포터필터Portafilter를 그라인더에 끼우니 자동 그라인더라 분쇄 원두의 도징Dosing 양이 알아서 정해진 만큼 담겼고, 그대로 자동 탬핑 기계에 넣으니 탬핑도 알아서 되었다. 그리고 가장 신기했던 건 모아이Moai 에스프레소 머신. 커피를 추출하는 부분과 따뜻한 물이 나오는 부분, 스팀하는 부분만 테이블 위에 불쑥 올라와 있어 눈높이의 시야가 탁 트여 손님들과 바로 마주할 수 있었다. 모아이 에스프레소 머신은 일반적인 에스프레소 머신이 아닌, 우리나라에서 만든 언더 카운터 Under-counter 에스프레소 머신이다. 바 아래에는 컴퓨터 본체 같은 기계들이 한가득이었다. 생김새도 신기했지만, 포터필터를 머신에 결합하고 나니 센서 작동으로 에스프레소 추출이 시작되고 세팅해둔 추출량에 맞춰 끝났다.

'오…. 이거 짱인데?!'
문명의 발달을 보여주는 에스프레소 바 뒤로 커피가 아닌 음료를 만들 수 있는 작은 작업대가 있었고, 오른쪽엔 드립 바가 자리 잡고 있었다. 전기포트 한 개와 드립용 주전자 두 개, 짝을 이룬 드리퍼와 서버가 있었고, 그 옆으로는 새카만 데다 높고 커다랗기까지 한 드립용 그라인더 EK43이 있었다.

"드립 바가 우리 키에 맞춰져 있어서 너한텐 조금 높을 수 있겠다. 그래도 화이팅!"
"네? 네, 허허"

그렇다. 드립 바를 낮출 순 없으니 내가 익숙

해져야지. 허허 웃으면서 다시 한 번 바 안을 둘러보니 괜히 마음이 간질거리기 시작했다. 시작이란 설렘일까, 잘할 수 있을까 하는 걱정일까? 그래도 왠지 잘될 것만 같은 기분이었다.

> "사장님, 그런데 우리는 왜 카페라떼에 샷 하나만 넣어요?"
> "커피를 못 마시는 사람도 커피를 마시게 하고 싶었어. 커피는 맛도 맛이지만, 커피를 마시기 시작하면 인생이 바뀔 만큼 좋은 경험을 하는 거라 생각하거든. 그런데 세상에 커피가 쓰고 맛없다고 생각해서 안 마시는 사람도 많더라. 그런 사람들에게 새로운 계기를 만들어 주기엔 커피우유가 최고지. 에스프레소를 즐기는 나도 커피는 적고 우유가 넉넉히 들어간 지금의 카페라떼를 워낙 좋아하기도 했고. 궁극적으로 그렇게 커피를 마시기 시작한 사람들이 아메리카노, 그리고 필터 커피까지 커피를 즐길 수 있게 되면 좋겠다는 마음을 담아 만들게 된 거야."

무심결에 떠오른 궁금증으로 던진 질문이었는데 생각보다 깊이 있는 답변이 돌아와 조금 놀랐다.

"오전에 매일 오시는 건축설계사 단골 손님들이 있는데, 그 가운데 한 분은 커피를 아예 안 드시던 분이었어. '아라시'까지 마시게 하는 데 일 년 걸렸어. 오래 걸리긴 했지만 커피를 마시지 않는 사람들이 커피를 마시게 되는, 그리고 그의 일상이 바뀌게 되는 가능성을 본 거야."

아이스 카페라떼 시럽. 일명 아라시는 우리 단골이라면 누구나 먹어 본 커피일 것이다. 아라시라는 말도 단골 손님들이 주문할 때 '아아(아이스 아메리카노)', '아라(아이스 카페라떼)'처럼 줄여 부르기 시작했는데, 마치 아라시라는 이름의 시그니처 메뉴처럼 되어버렸다. 매장에선 바리스타들끼리 아이스 아메리카노 하나, 아이스 카페라떼 하나를 묶어 농담처럼 1번 세트라고 한다. 중국집 짜장면, 짬뽕 같은 베스트셀러 메뉴다. 아직은 커피를 좋아하는 사람보다 즐기지 못하는 사람들이 더 많은 세상. 그래서 우리가 카페라떼 맛집인가?

초보 바리스타의 일 :
청소, 정리 관찰하기

청소, 설거지, 부자재 치우기, 원두 확인, 다른 바리스타들이 일하는 모습 관찰하기.

해야 할 일이 너무 많아서 무엇을 해야 할지 모르겠다. 내 역할은 뭘까? 나도 커피를 내려야 할 것 같은데, 방해만 되는 것 같기도 하고. 왜 이렇게 바리스타들이 하는 말은 외계어 같고, 커피 용어는 마냥 낯설고 어려울까? 손님이 말을 거는 것도 무섭고. 다른 카페에서 일해 본 경력자 동료도 메쉬커피에 처음 출근하고 나서 바리스타들끼리 주고받는 말의 절반 이상은 못 알아들었다고 한다. 커피가 덴스Dense하다거나, 산미가 라이블리Lively하다거나, 맛이 지루하다는 등 메쉬커피에서만 쓰는 말들은 물론, 농도나 수율처럼 안다고 생각했던 용어들도 평소와 다르게 들렸다고 한다. 게다가 그동안 자기가 알던 커피와는 다른, 마치 다른 세계의 커피를 이야기하는 듯한 모습이 당황스러웠다고 했다. 추출 세팅의 방향성이나 추출 방식, 맛 표현, 분쇄도 조절의 기준 등이 기존에 알고 있던 것과 달랐고, 심지어 손님을 대하는 태도도 완전히 달랐다고. 처음 만나는 사람들과 익숙하지 않은 공간에 적응하기란 누구나 힘들었을 것이다. 그래도 눈치 보고 잘 적응해야지.

나는 메쉬커피가 첫 직장이다. 사회생활 자체가 처음이어서 낯선 환경과 같이 일하는 사람들 사이에서 어떻게 관계를 다져야 할지 몰라 더 어려웠다. 그래도 어떤 사람들을 만나고, 그들과 어떤 일을 하게 될지에 대해서는 기대감에 두근거렸다. 무섭기도 하지만 설레기도 하는 마음이었다. 다른 곳에서 일을 한 경험이 없어서 비교할 대상은 없었지만, 그 덕분에 오히려 내가 해야 하는 일과 사용하는 용어를 편견 없이 잘 받아들일 수 있었고, 서서히 몸에 익혀 갔다. 사실 매장에서 커피를 만들고, 손님을 맞이하고, 이것저것 배우느라 모든 일이 정신없이 흘러가긴 했다. 처음 일을 시작했을 무렵에는 비는 시간에 뭘 해야 할지 몰라 멀뚱멀뚱 서 있는 순간이 제일 힘들었다. 무슨 일이든 익숙해지기 위해 시간이 필요하다고 하지만, 당시 나는 일에 방해가 될까, 가만히 있어도 되는 걸까, 어떻게 해야 하나 싶어 판단을 내리기 어려웠다. 시키는 일을 할 때는 쉬웠는데, 내가 일을 찾아 알아서 해야 하는 순간이 가장 힘들었던 것 같다.

메쉬커피는 일할 때 꼭 지켜야 하는 규칙도 있지만, 기본적으로 자유롭게 일하는 분위기다. 커피에 대해 궁금했던 것들을 해 봐도 되냐고 물어보면 다 해 보라고, 해도 된다는 말을 들었다. 몸을 움직여야 하는 현장 업무들은 사장님들과 동료들이 잘 알려줬지만, 분명 스스로 노력해야 하는 지점들이 있었다. 그럴 땐 사장님들께 커피 책을 자주 빌려 보면서 현장에선 배우기 힘든 커피에 대한 지식들을 스스로 공부했다. 몸을 움직이는 일은 시간도 잘 가고, 재미도 있었지만 언제까지 지금처럼 같은 일을 반복하며 커피를 내릴 수 있을까 싶은 생각이 들었던 탓도 있다. 30살, 40살이 되었을 때는 현장에서 커피를 내리기보다는 생두 관련 업무나 관리 업무를 하면 좋지 않을까 싶었다. 그런 태도를 보고 대표님이 칭찬해 줘서 열심히 했고, 그래서 더 욕심이 났다.

일단 공간과 사람, 낯선 환경에 익숙해지자

카페에서 사용하는 수많은 도구와 용어에 익숙해지는 일.

카페에 출근하고 처음 커피 바에 들어가면 본격적인 바리스타의 일을 시작하게 된다. 이제 막 커피 일을 시작한 바리스타는 무슨 일을 할 수 있을까? 기초 교육을 받고 시작한다고 해도 미리 외웠던 메뉴와 레시피, 가격은 긴장감에 하나도 생각이 나지 않는다. 바리스타가 된 지 2년 차 정도 되었을 무렵을 돌아보면, 나 역시 숙련도가 높지 않았던 시절이라 이틀 이상 쉬고 오면 매장이 낯설어 어처구니없는 실수를 계속했다. 손님과 동료들이 지켜보는데 아는 것도 기억나지 않는 상황의 긴장감이란. 다른 카페에서 일한 경험이 있는 바리스타여도 새로운 직장으로 자리를 옮겼을 때는 적응하는 시간이 걸리기 마련이다. 다른 메뉴, 다른 레시피, 다른 가격은 물론, 사용하는 기계나 도구도 완전히 다를 때가 많고 기물이 배치된 위치나 사용법이 다른 경우가 많아 새롭게 일을 다시 배운다는 마음으로 접근해야 한다. 천천히, 서두르지 않고 기존 질서에 잘 적응하는 능력이야말로 자신이 얼마나 뛰어난 실력을 가진 바리스타인지 증명하는 것보다 더 중요하다. 우리나라 사람들이 사회생활을 할 때 제일 중요하게 여긴다는 눈치가 곧 실력인 셈이다.

창업을 준비하는 사람들은 적은 자본을 가지고 '카페나 할까요?'라는 말을 쉽게 한다. 카페를 운영하는 데 설비가 이렇게 많을 줄은 모르고. 조금만 인터넷을 찾아봐도 카페 창업에 필요한 설비의 숫자에 놀란다. 장비별로 수많은 브랜드가 있고, 가격이 높다고 무조건 좋은 것도 아니라 매장의 특성에 맞게 저마다 장단점을 비교해 봐야 한다. 간단하게 꼭 필요한 설비와 도구들만 나열해 봐도 에스프레소 머신, 에스프레소 그라인더, 정수 시스템, 드립용 그라인더, 제빙기, 냉장고, 냉동고, 드립포트, 저울, 온도계, 컵 등 가짓수가 꽤 많다. 여기에 부자재와 소모품, 청소도구 같은 자잘한 품목까지 합치면 아주 기나긴 리스트를 뽑을 수 있다.

처음 출근한 바리스타가 해야 할 일은 내가 사용할 도구들이 무엇인지 파악하는 일이다. 내가 써야 할 도구들이 어디에 있는지는 물론, 다른 사람들과 함께 사용하기 때문에 약속해둔 도구의 제자리가 어디인지도 알아야 한다. 출근하면 청소와 설거지, 매장 정리부터 시키는 이유가 바로 아직 공간에 익숙하지 않기 때문에 적응하는 시간을 주려는 의도다. 스태프를 관리하는 사람에 따라 다르지만, 나 같은 경우에는 첫 출근한 사람은 우선 옆에서 잘 지켜보라고 이야기해 주는 편이다. 도구의 사용법이나 바 안에서 사람들이 어떻게 움직이는지, 어떻게 서로 의사소통하는지 충분히 관찰하고 일을 시작하면 더 빨리 적응할 수 있다고 믿기 때문이다. 추출하는 기능적인 동작들은 의외로 단순하고 반복되기 때문에 금방 따라올 수 있다.

그런 면에서 보통 사람들의 생각처럼 커피를 내리는 일이 단순 아르바이트도 할 수 있는 쉬운 일이라고 오해할 수 있다. 하지만 단순한 동작도 차이와 반복이 쌓이면 커피 품질이 한층 더 나아진다. 이를 위해 바리스타들은 오늘도 최선을 다한다. 메쉬커피는 더더욱 그렇다. 하나의 효율적인 팀으로 움직이기 위해 추출 방법을 단순화하고, 동선을 최소화한 덕분이다. 도구의 위치와 사용법에 익숙해지고 동선의 흐름을 따라갈 수 있다면, 오늘 출근해서 처음 일하는 사람도 동료들의 도움을 받아 바쁜 시간에도 척척 커피를 내릴 수 있다. 어떤 일이든 많이 해 보면 금방 익숙해지고 적응하기 마련이다. 다행히 메쉬커피는 많은 손님이 찾아주 서서 바리스타들이 정말 많은 커피를 내리는 경험을 할 수 있다. 경언 씨 역시 적응하고 배우느라 바빠서 자신이 제대로 하고 있는 건지 걱정되겠지만, 주변 동료들이 이야기해 주고 서로 도와주기 때문에 자신의 역할도, 낯설고 어려운 용어도 금방 익숙해질 수 있다. 커피 바도 사람 사는 곳이 아닌가. 먼저 근무를 시작한 선배 바리스타들도 처음엔 어색하겠지만 함께 일하다 보면 금방 친해질 수 있다. 친해지지 않으면 또 어떤가. 자신의 업무를 묵묵히 해내고 자신의 길을 가면 된다.

일과 일 사이 비는 시간, 손님이 없는 시간에 무엇을 해야 할지 고민이라고 했는데, 그 시간을 어떻게 활용하는지가 바리스타들의 실력과 태도라고 이야기하고 싶다. 자유롭게 하고 싶은 일을 하길 바라지만, 근무 시간은 근무 시간, 휴게 시간은 휴게 시간, 선을 확실히 지키는 편이 좋다. 바쁜 시간이 지나고 나면 분명 채워야 할 재료나 부자재가 있을 테고, 청소나 정리가 필요한 곳들을 찾아내 일의 마무리를 확실히 짓는 습관이 중요하다. 나는 바리스타들이 실력 향상을 위해 커핑을 하거나 시험 삼아, 혹은 숙련도를 위해 커피를 내려 보는 일, 커피 관련 자료를 찾는 일을 업무라고 생각해 적극적으로 권하는 편이다. 매장에서 휴대폰을 보거나 너무 과하게 잡담을 하는 것은 피해야 한다. 또한 현장은 현장이라 손님에게 음료를 제공하느라 바빠서 커피를 배우기엔 적절하지 않을 수도 있다. 현장 업무 외에 추가적으로 필요한 지식은 스스로 공부해야 한다. 경언 씨가 칭찬을 많이 들어서 적응하기 수월했고, 더 재밌게 커피를 열심히 했다고 말한 것처럼 동료와 손님을 춤추게 하는 건 역시 칭찬이다. 사람들에게 좋은 영향을 주면서 앞으로도 행복하게 적응해 나가길 바란다.

칭찬을 많이 들어서 적응하기 수월했고, 더 재밌게 커피를 열심히 했다고 말한 것처럼 동료와 손님을 춤추게 하는 건 역시 칭찬이다. 사람들에게 좋은 영향을 주면서 앞으로도 행복하게 적응해 나가길 바란다.

처음 출근한 바리스타가 해야 할 일은 내가
사용할 도구들이 무엇인지 파악하는 일이다.
내가 써야 할 도구들이 어디에 있는지는 물론,
다른 사람들과 함께 사용하기 때문에 약속해
둔 도구의 제자리가 어디인지도 알아야 한다.
출근하면 청소와 설거지, 매장 정리부터
시키는 이유가 바로 아직 공간에 익숙하지
않기 때문에 적응하는 시간을 주려는 의도다.

EPISODE #4

메뉴 마스터하기

 ## 메뉴판에 없는데 주문이 들어온다

"플랫화이트Flat white 있나요?"
"아 네, 메뉴에는 없지만 만들어 드릴 수 있어요. 따뜻하게 해 드릴까요?"

자연스럽게 오가는 대화를 듣고 눈을 씻고 찾아봐도 플랫화이트라는 메뉴는 보이지 않는다. 없지만 있는 메뉴. 그런 메뉴들이 메쉬커피에는 존재한다.

"코르타도Cortado 주문되나요?"
"마키아토Macchiato 있나요?"
"롱블랙Long black 하나요."

정신이 하나도 없다. 난 분명 메뉴판을 보고 주문을 받는데, 손님들이 보는 메뉴판과 내가 보는 메뉴판은 다른 것일까? 그런 메뉴들은 전혀 보이지 않는다. 당혹스러운 눈빛으로 선배들을 바라보니 익숙하다는 듯 메뉴 만들 준비를 하고 있다.

"네, 해 드릴게요. 가격은…."

머뭇거리는 나를 대신해 자연스럽게 주문을 받고 금세 음료를 만들어 낸다. 큰일이다. 난 이 메뉴판의 레시피도 아직 다 외우지 못했는데, 외워야 할 메뉴가 자꾸 늘어난다. '샷이 하나인가? 두 개인가?', '우유는 얼마나 넣어야 하지? 따뜻할 때는 용량이 얼마더라?' 머릿속은 복잡하고 손은 계속 느려지니 이 무슨 민폐인지 모르겠다. 그나마 다행인 건 내가 멈칫거릴 때마다 옆에서 들려오는 도움의 소리가 있다는 것이다.

"우유 180ml만 담아 주세요."
"그건 140ml만 넣으면 돼요."

적재적소에 들려오는 목소리에 한결 마음이 놓인다. 하지만 그렇다고 가만히 손놓고 기다리기만 할 수는 없는 노릇. 음료를 들고 나가는 손님 뒤로 얼른 휴대폰을 켜고 검색창을 열어 방금 나간 메뉴를 검색한다. 익숙하지 않은 이름과 설명, 그에 따라오는 레시피들. 아직 우리 매장의 메뉴판과도 친해지지 못했는데 어느 세월에 다 외우나 싶지만, 그래도 어쩌겠는가. 해내야지!

 **손님의 취향**

　　메뉴판에 있는 메뉴 레시피를 외워서 팔기에도 정신없는데, 왜 메뉴판에 없는 메뉴를 손님들에게 만들어 줄까?

　　바리스타의 입장에선 명확한 체계가 잡히지 않아서, 시스템이 없어서 일하기 힘들다고 느낄 수 있다. 메뉴는 바리스타와 손님 사이의 약속이어서 특정 메뉴를 주문했을 때 어떤 바리스타는 가능하고, 어떤 바리스타는 만들 수 없다면 매장의 통일성이 떨어지고 자의적인 레시피 때문에 음료에도 편차가 생길 위험이 있다. 관점에 따라서 지금 메뉴판에 있는 완벽하게 검증된 메뉴만 집중해서 팔아도 충분해 보일 수 있다. 게다가 메뉴판에 없는 메뉴 때문에 바리스타와 손님 사이에 잡음이 생기는 경우가 없진 않으니 운영하는 사람의 입장에선 고민이다.

　　클래식 칵테일 바에서 일하는 유명한 바텐더에게 들은 이야기가 있다. 바텐더들은 같은 메뉴여도 매장 기본 레시피, 손님을 위한 맞춤 레시피, 자신만의 레시피로 총 3가지 방식을 준비한다고 한다. 완벽한 레시피를 추구하는 동시에 숙련도를 향상시켜 완성도를 높이는 일이 음료 전문가에게는 중요한 목표일 수 있다. 하지만 세상에 모두를 만족시키는 완벽한 레시피는 환상에 가깝다. 손님들의 취향은 한 사람 한 사람 그 손님이 살아온 인생이 담겨 모두 고유한 성향을 지니고 있다. 누군가는 산미를 즐기고, 누군가는 짙고 무거운 맛을 선호한다. 나도 가볍고, 섬세하고, 화사한 커피를 즐긴다고 말하지만, 날씨나 기분에 따라 묵직하고 차분하게 가라앉은, 깊이감 있는 커피를 찾을 때도 많다. 결국 메뉴 하나도 손님들의 다양한 취향에 맞춰 조절할 수 있으려면, 사람에 대한 이해가 필요한 것이다.

하지만 세상 모든 커피를 메뉴판에 다 적어 놓을 수는 없는 노릇. 메뉴판에 없는 메뉴의 대부분은 에스프레소 마키아토 Espresso Macchiato 나 샤커레토 Shakerato 같은 클래식 메뉴거나 카푸치노나 플랫화이트처럼 비슷한 레시피의 메뉴들이어서 메뉴판에 표시하지 않는 경우가 많다. 다른 카페에서도 판매하고 있는 메뉴라 커피를 좋아하는 손님들이나 바리스타에게 낯설지 않은 메뉴가 대부분이고. 단, 재료가 있고, 매장의 바쁜 정도를 고려해서 바리스타가 재량껏 상황을 판단해 만들 수 있을지 없을지 결정할 수 있다. 레시피를 안다고 맛있는 음료를 바로 만들 수는 없겠지만, 말 그대로 가능한 수준에서 손님과 적당한 타협을 하는 것도 나쁘지 않다. 손님도 특별한 요청을 한 것이니 보통의 경우라면 대부분 어느 정도 사정을 감안한다. 물론 경험이 많은 바리스타라면 어떤 메뉴라도 손님들의 취향과 기대에 완벽하게 부응하는 걸 척척 만들어 내겠지만 말이다.

이렇게 생각해 보자. 아직은 커피를 잘 몰라서 지금 만드는 메뉴들도 소화하기 버겁고 부담스럽겠지만, 손님이 요청한 메뉴를 만들었을 때 요청 사항과 잘 맞아 떨어진다면 오히려 바리스타의 실력이 돋보이게 된다. 이를 위해 평소 기본 메뉴 외에도 다양한 메뉴를 익히고 연습해둘 필요가 있다. 게다가 바리스타와 손님 사이의 적당한 유대감은 카페에서 중요한 포인트라고 생각하기에, 메뉴에 없는 우리만의 비밀 메뉴는 사람들을 즐겁게 만들 수 있을 것이다.

커피 감별을 위한 커핑

어떤 커피가 맛있는 커피인가요?

오늘도 평화로운 메쉬커피. 점심 무렵부터 많은 손님들이 커피를 마시러 오가고 나면 해가 조금 낮아지고 시간이 느리게 흘러가는 오후 3시 무렵이 된다. 바리스타들과 커피를 나눠 마시기 위해 매장에서 제일 맛있는 커피를 내렸다. 쉬는 시간에 마시는 커피는 손님들에게도, 일하는 바리스타들에게도 바쁜 일상을 잠시 잊을 수 있는 나른한 휴식이 되고, 또 남은 하루를 잘 보낼 수 있는 힘을 준다.

"사장님, 그런데 맛있는 커피는 뭘까요? 저는 기준점은 잘 모르겠고, 솔직하게 느껴지는 건 그냥 원두 차이인 거 같은데…."

분명히 마시면 '아, 맛있다'라고 느껴지는데, 막상 설명하려면 어렵다. 마시는 사람들은 그저 편하게 즐기지만, 만드는 사람들이 커피를 어려워하는 이유가 바로 이런 부분 때문일까? 맛있는 커피가 무엇인지를 알아야 목표로 삼을 텐데. 도대체 뭐가 맛있는 커피일까?

꽤 맛있는 커피와 훨씬 맛있는 커피의 차이를 내가 어디까지 이해할 수 있을까 고민이 되지만, 내가 할 수 있는 일이 어디까지인지도 헷갈린다. 어떻게 해야 맛있게 커피를 내릴 수 있을까? 그 전에 맛있는 커피는 도대체 뭐란 말인가. 사장님께 물어보니 다음과 같은 이야기를 해 주셨다.

맛의 정의는 나라마다 다르고, 또 문화적 배경에 따라, 식문화에 따라 영향을 받기 때문에 사람마다 정답이 바뀌기도 한다. 우리나라처럼 좁은 나라에서도 불닭볶음면처럼 달고, 짜고, 강렬하고, 진한 풍미를 선호하는 사람들과 평양냉면처럼 은은하고, 섬세하고, 자극이 적은 풍미를 선호하는 사람들이 있는 것만 봐도 알 수 있다. 커피는 기호 식품이라 정답이 없다는 말을 하도 많이 해서 그저 내 입맛에 맞는 커피가 맛있는 커피라고 이야기하는 걸 수도 있다. 하지만 과연 그럴까?

가만히 생각해 보면 품질적인 측면의 답과 기호적인 측면의 답이 전혀 다르다는 것을 알아챌 수 있다. 좋은 재료를 다양한 방식으로 조리하는 것과 나쁜 재료의 단점을 가리는 방식을 놓고 비교해 보면 단순히 맛은 스타일이나 취향 차이라고 말하기 곤란한 점이 있다. 무엇보다 재료의 품질이 우선이다. 올바른 품질과 본인의 취향을 구분한 다음, 객관적으로 그 차이를 분석하고 이해하는 태도가 필요하다. 아마 맛있는 커피라면 스페셜티 커피처럼 유통 과정이 투명하고, 뛰어난 품질이면서 본인의 취향에도 맞는 커피일 것이다.

커핑은 어떻게 하는 거죠?

오전 10시경, 메쉬커피 바 위에는 어김없이 커핑컵들이 깔린다. 전날 로스팅해 커핑컵에 담긴 원두들을 차례대로 그라인더에 넣어 갈고, 끓어오른 전기포트의 물이 적절한 온도가 될 때까지 기다린다. 분쇄된 원두의 향미를 체크하다 보니 물의 온도가 약 95℃가 되었다. 이제 물을 부을 타이밍이다. 타이머의 시작 버튼을 누름과 동시에 물을 붓고, 천천히 물에 젖은 원두의 향미를 체크한다. 그렇게 4분 가량 기다린 뒤에는 커핑컵 표면에 떠오른 크러스트Crust를 두어 번 저어 깨고, 커핑스푼으로 조심스레 걷어 낸다. 컵의 온도가 일정 온도까지 식길 기다리면 13분 정도가 된다. 이제 진짜 컵을 뜰 차례다. 이제는 익숙해진 이 행위들이 처음 접했을 당시에는 마냥 정신없어 보였다. '쓰으읍', '후룩' 등 커핑하는 사람들의 입에선 신기한 소리만 났고. 저건 또 어떻게 하는 거지? 어설프게나마 흉내 내듯 따라하며 시도해 보는데 참 쉽지가 않다.

"이건 에티오피아일까요?"
"엘살바도르 같아."

"그럼 이건 러브 블렌드?"
"그건 에티오피아 같은데?"

내 입을 거쳐가는 커피는 여럿인데, 그 차이를 알 수가 없다. 어디서부터 시도해 봐야 할지 모르겠어서 혼자 머리를 싸매고 있자, 사장님이 내게 말을 건넸다.

"이 커피가 뭔지를 맞추는 건 큰 의미가 없어. 물론 구별한다는 건 좋은 거지만. 그것보단 좀 더 세밀한 관찰이 필요해. 어떤 산미를 가지고 있는지, 어떤 단맛이 나는지, 밸런스가 어떤지, 얼마나 깨끗한지, 그런 다음 향미를 느껴보는 거지. 이런 것들이 자연스럽게 훈련되어 있어야 나만의 기준을 가지고 커피를 평가할 수 있어."
"근데 우선 아무것도 안 느껴져요. 어떤 차이가 있는지도 모르겠고…. 이걸 어떻게 판단해야 할지도 모르겠어요."
"우선 익숙해져야 해. 익숙해지려면 많이 해 봐야 하고. 커핑을 하는 행위 자체에 익숙해지는 것이 우선이야. 기술적인 고민 없이 몸도 마음도 온전히 커피를 느낄 수 있는 편안한 상태가 되도록 만들어 주는 거지. 그러고 나서 다양한 커피를 경험하며 미묘한 차이를 느끼는 거야. 한 번에 하나씩 꽤 시간이 걸리는 일이지. 어느 날은 산미만 비교해 보고, 또 어느 날은 단맛만 비교해 보고. 그 다음은 후미, 또 그 다음은 클린컵Clean-cup을 비교해 보고. 그런 식으로 수없이 반복해야 해. 커핑은 많이 해 본 사람이 최고야. 물론 감각적으로 깨달음을 얻는 경우도 있기는 하지만, 아무리 천재라도 연습을 게을리해선 안 돼. 천재가 연습도 많이 하면 이건 정말 누구도 이기기 힘들지. 언젠가 내가 커피인지, 커피가 나인지 싶은 경계를 알 수 없는 물아일체의 경지에 오르는 거지. 농담같지만 나도 그랬으면 좋겠다."

일단 그냥 해 보라는 말이 그때는 이해하기 어려웠다. 그저 막막하고 답답했던 기억이 난다. 그 후로 무작정 해 보기 시작한 것은 사실 더 이상 무엇을 물어야 할지 모르겠어서 우선 해 보자는 마음에서였다. 매일 아침 커핑에 익숙해지고, 때때로 게임으로 마주해 보기도 하고, 그냥 한번 컵을 깔아 보기도 하고. 그렇게 하루가 지나고, 일주일이 지나고, 한 달이 지나면서 어느 정도 커핑에 익숙해져 갈 때쯤, 미묘한 차이들이 느껴지기 시작했다. 조금 더 구수한 느낌이 드는 것, 미약한 꽃향이 나는 것, 가벼운 느낌이 나는 것. 그런 아주 사소한 차이들. 그렇지만 분명한 변화였다. '우와, 이

게 되네?'

　　　　예전에 사장님이 보여준 A4 용지 한 장이 기억난다. 산미, 단맛, 밸런스, 아로마, 촉감 등 다양한 카테고리로 나눈 커핑 시트였다. 한 번쯤 들어는 봤지만 정확히 이해할 수 없었던 단어들, 설명을 아무리 들어도 와닿지 않던 감각들, 글로만 마주했던 것들을 직접 느끼니 이제 어렴풋이 알 것 같기도 했다. 그러다 다시 또 헷갈리기도 하고.

"사장님, 그때 커핑은 그냥 해 보라고 하셨잖아요. 솔직히 그땐 서운하다는 생각이 들었거든요? 좀 더 자세히 알려주셨으면 해서요. 근데 지금은 조금 알 것 같아요. 운동 같은 느낌이에요. 내 몸에 익숙해져야 감각이 훨씬 잘 느껴지는 것 같은, 그런 비슷한 거 아닐까요? 하하."

　　여전히 뚜렷한 구분점은 없고, 확신도 부족하다. 그럼에도 내가 먹은 과일, 내가 먹은 음식에 빗대어 차근히 향미를 찾아가는 과정은 뿌듯하고 즐겁다. 마치 사천성 게임 같달까? 소소한 성취감이 느껴져서 그런지 커핑이 조금은 더 좋아질 것 같다.

낯설고 어려운 커피

　보통 커피는 쓴 것이어서 설탕과 우유를 넣어 마셔도 도통 왜 마시는지 이유를 모를 정도로 낯선 느낌을 받을 때가 있다. 그런 이유로 커피를 마시지 않는 사람도 세상에 많다. 산미와 자연스러운 단맛, 다채로운 향미는 물론이고, 불쾌한 쓴맛이 아닌 기분 좋은 쌉쌀한 맛이 나는 스페셜티 커피는 너무 맛있다. 하지만 그게 쉬워 보여도 커피를 다루는 사람의 입장에선 참 힘든 일이다. 커피를 즐기는 사람이야 '이 커피 맛있다'며 잘은 몰라도 신기해하고 감탄하지만, 커피 애호가보다 경험이 적은 초보 바리스타가 커피 맛을 느끼고 표현하는 것은 쉬운 일이 아닐 뿐더러 두렵기만 할 것이다. 카페 안에 있는 손님이고, 동료고, 온통 커피 전문가로 보이는 사람들 가운데 나만 커피 맛도 모르는 사람이 된 듯한 외로움과 내가 실력이 없어서 그런가 싶은 자괴감으로 불안에 휩싸이기 쉽다. 평소에 잘하던 사람도 긴장하면 실수하고, 원래 하던 일도 못할 수 있다.

　커피 향미라는 것은 객관적인 지표지만 사람이 느껴야 하는 것이기 때문에 주관적이라고도 할 수 있다. 커피에 대한 경험치가 많고, 감각이 뛰어난 사람이라도 주변 환경으로 인해 심리적으로 위축되면 커피 맛이 안 느껴지기도 한다. 전날 술을 좀 많이 마셨다거나, 자극적인 음식을 먹었을 때도 마찬가지다. 평소보다 건강 상태가 좋지 않았을 때도 그렇고, 특히 미세먼지나 꽃가루에 예민한 비염 환자라면 더욱 그렇다. 지극히 인간적이고 자연스러운 일이니 너무 걱정하지 않았으면 좋겠다. '위트앤시니컬'이라는 시 전문 서점에서 만든 유튜브 영상을 본 적이 있다. '시 읽기를 시작하고 싶은 당신에게'라는 제목의 영상이었는데, '사람들은 왜 시를 어려워할까?'라는 질문이 관심을 끌었다. 영상의 출연자인 신해욱 시인은 사람들이 시를 어렵다고 생각하는 이유로 보통 장악이 안 되는 느낌이 들 때 어렵다는 표현을 쓰고 그렇게 받아들인다고 했다. 이에 대해 그는 어렵기보다는 낯설기 때문이라고 생각했으면 좋겠다고 말했다. 어려운 일이 아닌 낯선 일이라면, 자꾸 경험하고 새로운 것을 알아가면서 재밌어지고 익숙해지면 된다. 커피도 아마 마찬가지가 아닐까?

트라이앵귤레이션의 추억

손님이 조금 뜸해지는 오후 3시. 나른함에 심심해질 때면 우리끼리 작은 게임을 하곤 한다. 준비물은 커핑컵 3개와 서로 다른 원두 2종. 두 개의 커핑컵에 같은 원두를 담고 나머지 한 컵에는 다른 원두를 조금 섞는다. 섞는 비율은 담는 사람 마음. 보통은 2:8 정도로 난이도에 따라 확연한 차이를 느낄 수 있는 원두를 선택하거나 같은 국가, 다른 품종의 커피를 섞어 어렵게 만들기도 한다. 트라이앵귤레이션Triangulation은 커핑 기술 중 하나이자 바리스타들 사이에서 진행되는 일종의 게임이다. 원래는 커피 생두를 거래할 때 테스트한 샘플 커피와 입고된 커피가 같은 커피인지 확인하기 위해 한 컵은 샘플 커피를, 한 컵은 입고된 커피를, 다른 한 컵은 샘플과 입고된 커피를 절반씩 섞어서 세 컵이 모두 같은 맛이면 같은 커피임을 판단하는 작업을 의미했다. 신뢰를 바탕으로 거래하기 시작한 스페셜티 커피업계에선 잘 진행하지 않는 방식인데, 오히려 요즘엔 커피 기술을 익히는 훈련의 도구로, 또는 우리처럼 게임이나 대회용으로 활용된다. 실제로 월드컵테이스터스 챔피언십World cup tasters championship은 트라이앵귤레이션 방식으로 진행되는 세계 대회다. 메쉬커피에서 진행하는 트라이앵귤레이션의 규칙은 어렵지 않다. 제한 시간은 없으며, 컵을 뜨는 시간조차 자기 마음. 가장 먼저 다른 컵을 찾아내는 사람이 승리한다.

오늘은 참가자가 평소보다 조금 많다. 심심해서 깔아 놓은 게임인데, 마침 들어오던 단골 손님이자 친한 바리스타들이 합류했기 때문이다. 딱히 걸린 상품도 없건만, 게임이라는 이야기에 다들 눈에 불을 켜고 달려든다. 이 게임의 상품은 자존심이었나 보다.

"타이머 켤게요."

시작되었다. 다들 뭐가 이리 진심인지, 분쇄된 원두의 마른 향과 물을 부은 후의 젖은 향까지 맡을 여유조차 없다. 판단은 오로지 입으로만. 타이머는 10분을 향해 달려가고, 사람들이 하나둘씩 컵을 뜨기 시작한다. 표정을 보아하니 아직 뜨거운가 보다. 좀 더 기다려야지. 약 13분쯤 되었을 때 첫술을 떴다. 이런, 긴장감 때문인지 아무것도 느껴지지 않는다. 숨을 가다듬고 다시 한 번 확인해 본다. 여전히 알쏭달쏭하다. 조용할 날이 없던 매장이 지금은 슬러핑 **Slurping** 소리밖에 들리지 않는다. 몇몇은 자신이 생각하는 답안지를 심판에게 건넨다. '아, 조금 더 보고 싶은데. 아냐, 나를 믿는다!' 어쩐지 조급해지는 마음에 서둘러 답을 적어 건네고는 주변을 둘러본다. 얼추 다 끝났나 보다.

"다 됐어요? 더 볼 사람? 없으면 오픈할게요."

이게 이렇게 진지할 일인지, 다들 조용히 고개를 끄덕인다. '제발 2번, 2번!' 내가 적어낸 답안이 맞기를 기도하며 커핑컵 바닥을 들추는데, 아, 이런. 대차게 틀렸다. 아쉬워하며 정답자를 찾아보니 세상에, 객원 참가자다. 이거 참 머쓱하기 그지없다. 주최국이 예선에 떨어진 기분이 이런 걸까. 아쉬움과 묘한 속상함, 약간의 부끄러움이 밀려오는데, 어휴, 그래도 어쩌겠는가. 내가 열심히 해야 하는 것을. 이후로 메쉬커피에는 트라이앵귤레이션 바람이 세차게 불게 되었는데, 어쩌면 이날의 패배가 한몫했을지도 모르겠다.

커핑을 하는 행위 자체에 익숙해지는 것이 우선이야. 기술적인 고민 없이 몸도 마음도 온전히 커피를 느낄 수 있는 편안한 상태가 되도록 만들어 주는 거지. 그러고 나서 다양한 커피를 경험하며 미묘한 차이를 느끼는 거야. 한 번에 하나씩. 꽤 시간이 걸리는 일이지.

커피의 맛

 ## 커핑이 왜 중요한가요?

"배기는 전체적으로 적절한 것 같아. 로스팅이 좀 짧다고 그랬나? 그래도 화력을 더 줘야 되겠다. 다음엔 초반 열량을 좀 더 줘 보자."

어김없이 진행되는 아침 커핑 시간. 사장님 두 분이 나누는 대화는 여러 번 들어도 신기하기만 하다. 몇 번 보지도 않은 컵에 어느새 저걸 다 캐치하셨는지. 이야기를 나누는 두 분을 뒤로하고 커핑한 커피 가운데 하나를 골라 필터 커피로 내려 본다. 평소라면 커핑만 했을 테지만, 새로 판매를 시작할 커피라 나는 한 번 더 확인이 필요했다. 내린 커피를 작은 잔에 나눠 사장님들께 건네고는 나도 한 모금 마셔 본다. 흠, 그런데 생각한 느낌과 조금 다르다. 분명 커핑할 때는 이보다 조금 더 화사하고 밝은 산미를 가지고 있었는데? 내가 잘못 내린 건가?

"사장님, 어떠세요? 제가 느끼기에는 생각보다 톤이 낮은 것 같네요."
"그러네. 선명한 산미톤이나 풍성함은 좋은데…. 조금

조절해 봐도 되겠다."

"분쇄도를 좀 풀까요?"

"그것도 좋은데, 그것보단 물 온도를 조금만 낮춰봐. 지금 밸런스는 좋아서 분쇄도까지 건드리면 너무 변화가 클 것 같네."

2℃ 정도 낮은 온도로 커피를 내려 다시 한 번 건넨다.

"오, 사장님! 돌아왔어요. 훨씬 부드럽고 화사하게 나오네요."

보통 바리스타들은 커핑할 때 자신이 얼마나 많은 향미 노트를 이야기할 수 있는지에 관심을 갖는다. 커핑의 가장 기본적인 목표는 생두가 지닌 잠재력을 파악하는 것이므로, 정확하게 약속된 단어를 사용해 평가 항목에 맞춰 점수를 적절하게 주는 것이 기술적으로 중요한 일이기 때문이다. 그래서 실력을 향상시키려고 노력하는 것이고. 여기에 더해 로스터는 로스팅이 일관적이고 결점은 없는지 확인하면서 새로운 로스팅 프로파일Roasting profile을 그리기도 한다. 바리스타의 경우엔 커핑을 통해 확인한 커피의 기본적인 향미와 잠재력을 바탕으로 내가 내린 커피에 결점은 없는지, 혹은 더 나은 추출 방법은 없을지 고려해 볼 수 있다. 그 과정에서 커피의 분쇄도가 적절한 지도 확인할 수 있다. 추출은 아무래도 바리스타가 실수할 수 있는 여지가 있기 때문에, 여러 사람이 함께 일하는 바에서는 커핑을 통해 공통된 추출 기준을 만든다. 이를 위해 여러 타입의 분쇄도로 분쇄한 커피를 준비하고, 커피를 추출해 시간의 흐름에 따라 바리스타가 원하는 속도로 향미를 보여주다 적당한 때에 사라지는 분쇄도의 컵을 고른다. 이렇듯 커핑은 다양한 방식으로 활용할 수 있기에 그 목적을 확실히 하는 게 중요하다.

메쉬커피의 커핑 프로토콜

좋은 커피를 찾는 일의 시작인 커핑에 대해 알아보자. 커핑은 커피의 좋은 품질과 시드 투 컵을 이해하는 첫 단추다. 그 중요도만큼 바리스타라는 직업을 갖고 있는 내내 열심히 실력을 갈고 닦아야 하는 업무다. 커핑으로 커피 향미를 평가하는 방법을 알아둔다면 커피를 생산하는 생산자, 생두를 거래하는 그린빈 바이어Green bean buyer, 커피를 볶는 로스터, 추출하는 바리스타 등 다양한 관점에서 커피를 분석할 수 있다. 그렇기 때문에 더더욱 자신의 위치에 맞는 커핑 방식을 고려할 필요가 있다. 기존 커핑 스코어 시트는 대체로 생두를 거래할 때 의사소통을 원활하게 하기 위해 만들어진 도구이기 때문에 전문가의 입장, 특히 생두를 평가하고 구매를 결정하는 커퍼Cupper의 입장에서 작성된다. 우리는 우선 바리스타의 관점에서 커핑을 어떻게 활용할지 고려해 보자. 바리스타라면 커핑에서 느꼈던 커피의 향미와 추출했을 때 느낀 향미의 차이를 비교해서 커피를 추출할 때 적절하게 조정할 수 있는 감각을 연습하는 도구로 사용하면 좋다. 그리고 팁을 주자면, 커핑을 통해 파악한 향미를 표현할 때 손님들과의 의사소통 과정에서는 이해하기 쉬운 단어를, 로스터들과의 대화에선 좀 더 전문가다운 약속된 언어를 사용하는 게 좋다. 손님들에겐 커피를 어렵게 설명하지 않는 게 좋지만 함께 일하는 전문가 사이에선 정확한 표현을 사용해야 명확히 커뮤니케이션할 수 있다. 예를 들면 손님들에게 오렌지의 산미라고 말하는 것을 바리스타들끼리는 구연산Citric acid라고 이야기하는 것이 더 확실하다.

커핑은 낯선 방식인데다, 정형화된 규칙도 있어서 많은 바리스타들이 두려워하는데 그 과정과 향미를 표현하는 방법에 익숙해진다면 어렵지 않은 일이다. 커핑에 자주 참여해 향미를 표현하는 용어와 방법을 배우고, 혹시 틀렸다는 생각이 들더라도 자꾸 표현하는 습관을 들이다 보면 어느새 몸에 익어 자연스러워지는 것을 느낄 수 있다. 커핑은 커피 맛보기 그 이상도 이하도 아니다. 향미를 표현하기 힘들고 두려워서 피하기보다는 일단 몸으로 익혀 마치 요리사가 칼을 쓰는 것처럼 기능적으로 익숙해질 필요가 있다. 커핑도 계속 반복하면서 차이를 찾아가는 과정이 필요하다. 옆 사람들의 이야기에 귀를 기울이면서도 내가 느끼는 차이를 빠르게 발견할수록 커핑 실력이 좋아진다. 시간이 지난다고 무작정 실력이 늘진 않기 때문에 자신만의 느낌을 찾을 때까지 꾸준히 노력해야 한다. 아래 정리한 '기능적으로 커핑하기'는 커핑하는 사람들 사이에서 정해둔 약속이자, 바리스타라면 익숙해져야 하는 기본기에 대한 내용이다. 늘 그렇듯, 잘 모르고 어렵다고 여겨질 때는 생각을 많이 하기보다는 하나씩 자주 해 보자.

● **기능적으로 커핑하기**

1) 로스팅한 지 24시간 이내의 원두 12g을 커핑컵에 담아 준비한다.

2) 준비한 원두의 분쇄도를 에어로프레스보다는 굵게, 필터 커피보다는 가늘게 분쇄한다.

3) 분쇄된 원두의 드라이 아로마Dry aroma를 확인한다.

4) 커핑컵에 180ml의 물을 붓는다. 이때 커피가 물과 잘 섞일 수 있도록 차를 우릴 때처럼 잘 교반해 준다.

5) 물을 부은 지 4분이 지나면 컵 표면에 떠오른 크러스트를 커핑스푼으로 3번 정도 저어 고르게 깬다. 이때 스푼의 깊이는 컵의 중간 정도까지만 잠기게 한다. 너무 세게 저어 커피가 밖으로 넘치지 않게 주의한다.

6) 브레이킹Breaking(크러스트를 깨는 작업)을 하면서 웻 아로마Wet aroma를 확인한다.

7) 크러스트를 걷어 낸다.

8) 물을 부은 지 10분이 지나면 컵의 옆면을 손으로 만져 너무 뜨겁진 않은지 온도를 확인한다.

9) 커핑스푼으로 조금씩 커피를 떠서 맛을 보고, 가벼운 향 위주로 살핀

후 클린컵, 단맛, 무게감을 파악한다.

10) 맛을 보며 느껴지는 향미들을 기억하거나 따로 적어둔다. 커피 향미는 계속 변하기 때문에 커피를 맛보는 순간만 판단하지 말고, 처음부터 목넘김 이후까지 잘 살피고 기록해두는 것이 좋다.

11) 물을 부은 지 40분이 지나면 대체로 향미가 사라지기 시작한다. 커핑 끝!

커핑이 어려운 이유 중 하나는 내가 느낀 맛과 뉘앙스가 맞는지 틀린지 확인하고 싶기 때문이 아닐까 싶다. 이럴 때는 커핑의 항목을 객관적인 요소와 주관적인 요소로 나눠 생각하면 좋다. 누구나 비슷하게 느끼는 객관적인 항목은 산미, 단맛, 촉감이다. 이 부분은 훈련을 통해 경험이 많은 사람들과 비슷한 수준으로 느낄 수 있도록 훈련하자. 감각의 정도에 따라 다르게 느낄 수 있는 주관적인 항목인 아로마 Aroma, 플레이버 Flavor, 애프터 테이스트 Aftertaste, 균형감 Balance은 커피에서 느껴지는 향미를 비롯해 다양한 향미를 경험하고 머릿속에 잘 저장해서 커핑하면서 연상되는 느낌을 플레이버 휠 Flavor wheel(커피의 다양한 향미를 정리한 원형 도표)에 나온 표현과 연결시키는 연습을 하면 좋다.

커피는 시간이 흘러감에 따라 맛이 변한다. 사

람이 태어나고, 성장하고, 죽는 것처럼. 화려하고 맛있는 것들에 집중하다 보면 커피의 맛이 빛을 잃고 사라지는 시점을 놓치기 십상인데, 이 시점이 언제 오는지도 잘 살펴봐야 한다. 나는 보통 40분을 기준으로 보는데, 이보다 너무 빠르거나 늦다면 분쇄도가 올바르지 않았을 가능성이 있다. 물론 품질이 좋은 커피는 자신의 매력을 더 오랫동안 보여주기도 하고, 그렇지 않은 커피는 더 빠르게 희미하게 사라져 버리기도 한다. 지금은 판단하기 참 어려운 일일테지만, 커핑을 꾸준히 오래하면서 자신만의 기준을 찾아가면 좋겠다.

EPISODE #7

손님 관찰기

Question 2   손님은 어떻게 대해야 할까?

　　사장님이 고객에 대한 꾸준한 관심이 필요하다고 하셔서 손님들을 뚫어지게 관찰하는 중이다. 꾸준히 관찰하고 그들의 반응을 세심히 살펴야 한다. 그래야 내 문제점을 발견하고, 개선하고, 또 발전할 수 있으니까.

　　매장에서 음료를 사가는 손님들의 반응은 눈으로 확인할 수 있다. 말투나 얼굴, 표정, 멈칫하는 행동 등. 우리가 손님들을 잘 관찰해야 하는 이유가 있다. 바리스타에게 자신이 원하는 것을 정확하게 말로 전달해 주는 손님들도 있지만, 대부분의 사람들은 말없이 떠나기 때문이다. 하지만 의외로 온몸으로 자신의 의견을 표현하는 손님들이 있기 때문에 잘 관찰하면 파악할 수 있다. 매장에서 커피를 마시고 가는 손님들과 반대로 원두를 구매하는 손님들은 피드백을 바로 파악할 수 없다. 그 손님이 매장에 다시 오지 않는 이상 반응을 확인할 길이 없기 때문에 원두를 구매하는 손님들을 대할 때는 조금 더 자세히 물어봐야 한다. 모든 손님이 소중하지만 커피를 볶아서 판매하는 로스터리 카페인 우리에게 원두를 사서 집에서 커피를 내려 마시는 손님들은 더욱 각별하다.

특히 원두를 구매한 손님은 음료를 구매하는 손님보다 커피에 대한 정보와 지식이 많은 편이다. 스스로 커피를 내려 마실 만큼 커피에 관심이 많기 때문이다. 그런 손님의 궁금증과 호기심을 제대로 해소시켜 주지 못한다면, 다시 만날 가능성은 낮아진다. 물론 커피가 맛있고 만족스러웠다면 다시 오겠지만 그래도 좀 더 정확하고 전문적인 관점에서 커피에 대해 알려드릴 필요가 있다. 혹시 내가 잘 모르는 부분이 있다면 확인하고 다시 알려드리겠다고 솔직히 말하는 편이 좋다. 이건 음료를 구매하는 손님들에게도 공통적으로 적용되는 사항이다. 확실하지 않은 정보를 전달하거나 그저 지금 상황을 모면하려는 행동보다는 솔직함이 손님들에게 더 신뢰를 줄 수 있다. 우리는 신뢰를 바탕으로 커피를 판매한다.

원두 구매 손님의 반응을 확인하기 위해, 또 그 손님의 지속적인 방문을 유도하기 위해 내가 할 수 있는 방법이 뭐가 있을지 고민됐다. 아마 여러 가지가 있겠지만, 원두를 사가는 사람의 커피 취향과 성향을 제대로 확인하면 좋지 않을까? 어떤 원두를 선호하는지 파악하고, 취향에 맞는 원두를 추천하거나 구매하려는 원두와 비슷한 유형의 커피를 서비스로 권하면, 다른 원두에 대한 흥미를 유발시켜 재방문을 유도할 수 있을 것이다. 이 방법은 긴 대화를 하지 못하는 상황에서 특히 유용하다고 생각한다. 동시에 고객의 성향을 판단해 대화를 즐기는지, 아니면 조용히 자신이 직접 원두를 고르는 것을 좋아하는지 눈치로 잘 판단하고, 커피의 어떤 부분에 흥미를 가지는지 살핀 다음 손님이 카페에 머무는 동안 부담스럽거나 어색하지 않게 도와드리는 것도 방법이다.

"취향에 맞으셨는지 다음에 와서 알려주세요."
"비슷한 뉘앙스의 커피가 있다면 그때 또 추천해 드릴게요."
"이번엔 이걸 고르셨으니, 다음엔 조금 다른 뉘앙스의 커피를 사 보시는 건 어떠세요?"

이런 말들로 손님들을 맞이해 봐야겠다. 어려운 것일수록 쉽게 설명해야 한다고 했다. 누가 들어도 이해할 수 있을 만큼 설명할 수 있어야 한다. 간단하고 쉬운 설명은 커피에 대한 호감도를 높인다. 쉽게 설명하려면 나부터 커피를 잘 알아야 하는데, 참 어렵다. 그래도 분명 나에게 큰 도움이 되리라 믿는다.

친절함의 적정선을 찾는 일

메쉬커피는 시간과 관계들이 오랫동안 쌓여 손님과 바리스타의 거리가 유독 가까운 편이다. 모든 카페가 다 그렇진 않다. 카페의 운영 방침에 따라 손님을 응대하는 적정선을 규정하기도 한다. 백화점이나 대형몰에 입점한 커피 프랜차이즈라면 불특정한 손님들과 일정한 거리감을 두고 매뉴얼대로 응대하는 것이 손님이나 바리스타에게 모두 편할 수 있다. 반면 우리처럼 작은 규모의 동네 카페에선 매일 만나는 손님들에게 매뉴얼대로 외워서 하는 응대는 어쩐지 어색해 보인다. 장소와 상황에 따라 손님의 입장에서, 혹은 내가 편한 태도로 응대하는 게 좋겠다.

손님과의 대화가 마냥 즐거울 때도, 칭찬 한마디에 고단한 하루의 피로를 잊을 때도, 말 한마디로 위로를 받을 때도 있다. 내가 하는 전문적이고 세심한 말 한마디에 손님들이 커피를 더 잘 이해하고, 커피 맛을 새롭게 경험하기도 한다. 사람들은 누구나 친절하고 유쾌한 사람을 좋아하기 마련이라 친구 같은 바리스타는 모두에게 인기만점이다.

주문 받을 때 짧게 나누는 대화말고도, 커피를 내리는 동안 손님들과 많은 이야기를 나누기도 한다. 많은 사람들이 오가는 카페, 1~2분 남짓 손님과 주고받는 기분 좋은 인사와 안부. 커피에 대해, 또는 세상 사는 일에 대해 짧고 가벼운 대화를 수많은 손님들과 나누다 보면 커피를 내리느라 고단했던 몸이 즐겁다. 웃다 지친다는 말처럼. 손님을 친구처럼 대하는 태도 덕분에 정말 많은 사람들과 친구가 되었지만, 때로 내 기분과 마음이 다소 어둡거나 몸이 좋지 않을 때도 에너지를 끌어올려 애써 밝고 활기차게 응대하다 보면 감정 노동이 얼마나 고된 일인지 몸과 마음으로 절실히 느끼게 된다. 진짜 친구라면 힘든 일이 있을 때 힘들다고 말할 수 있어야 할 텐데, 구매자와 판매자로 만난 사이라 보이지 않는 벽이 존재하는 기분도 든다. 게다가 밖으로 보기엔 밝고 활발해 보이는 사람 같아도 실은 내성적인 바리스타들도 종종 있다. 이런 사람들에겐 하루 종일 사람을 만나 대화해야 하는 메쉬커피 같은 유형의 카페는 스트레스가 될 수 있다. 마음을 다치지 않고 어떻게 하면 손님들과 적절한 관계를 유지할 수 있을지 고민이 된다.

친절함을 두고 적정선을 긋기란 참 어렵다. 어

디까지가 손님의 영역이고, 어디까지가 진짜 친구의 영역인지 판단할 수 있는 기준은 사람마다 모두 다르다. 자신의 성향에 맞춰서 감당할 수 있을 정도로 각자의 기준을 세울 필요가 있다. 또 교류하다 보면 손님과 상호 작용이 일어나기 때문에 꼭 내가 원하는 방향으로만 대화나 감정이 흐르진 않는다. 그래도 이것 하나는 기억하면 좋겠다. 호스피탈리티 Hospitality가 중요하고 친절해야 한다고 강조하지만, 자신이 스트레스를 받으면서까지 무리할 필요는 없다고 생각한다. 손님을 친구처럼 편하게 대하라는 건 보이는 말이나 행동의 태도이지 정말 친구가 되라는 뜻은 아니다. 사실 말이나 행동, 그 정도만 해도 충분하다. 사람들의 예상보다 바리스타는 많은 사람을 만난다. 친절함의 적정선을 찾는 일이 중요한 이유다.

카페에서 일하다 보면 커피를 내리는 일에 너무 몰입할 때가 있다. 내가 커피 전문가라는 생각이 강해지고 내 입맛에 맛있는 커피가 옳다는 고집이 생기는 순간. 내 커피에 대한 자부심은 일할 때 큰 원동력이 되긴 하지만, 열정이 지나쳐 손님들의 의견을 들어야 하는 순간에도 자신의 주장이 강하게 드러나 겸손함을 잃으면 손님들을 위해 커피를 내린다는 기본을 잊게 된다. 손님들의 말이 항상 옳지는 않겠지만, 경청할 필요가 있다. 나는 누구를 위해 커피를 내리고 있는지 가만히 잘 생각해 보자.

호스피탈리티Hospitality가 중요하고 친절해야 한다고 강조하지만, 자신이 스트레스를 받으면서까지 무리할 필요는 없다고 생각한다. 손님을 친구처럼 편하게 대하라는 건 보이는 말이나 행동의 태도이지 정말 친구가 되라는 뜻은 아니다. 사실 말이나 행동, 그 정도만 해도 충분하다.

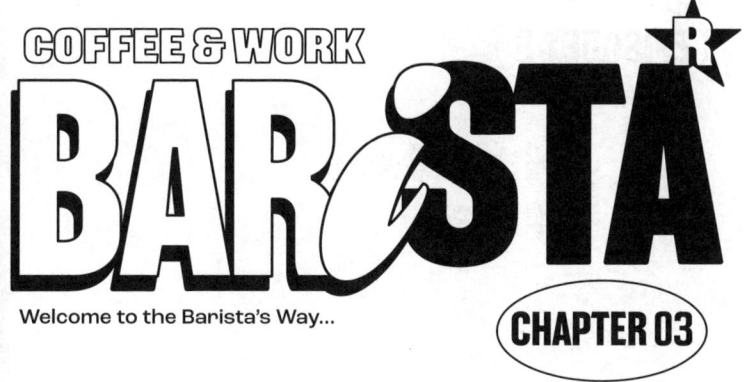

드디어 커피 추출

에스프레소와 필터 커피

Question 2   에스프레소와 브루잉은 무슨 차이일까?

  메쉬커피에서 일하는 동안 정신없이 시간이 흘러갔다. 잘하고 있는 건지는 모르겠지만 말이다. 사장님은 지금 정도의 커피면 경력에 비해 잘하고 있으니 믿고 계속 따라오라고 하지만, 내가 하는 이 경험들을 내 경력이라고 말할 수 있을까? 나 스스로 커피를 잘하고 싶은 마음이 큰 만큼 시키는 대로만 커피를 하는 지금이 괜찮은 건지 의심이 된다. 그 의심만큼 불안한 마음도 커져가고.

  일단은 손님이 오면 반갑게 맞이하고 주문한 메뉴를 만든다. 주로 아메리카노 혹은 카페라떼. 아무래도 에스프레소를 추출하는 일이 많다. 커피를 정말 좋아하는 손님들이나 커피에 이제 막 관심이 생기기 시작한 사람들은 개성 있고 다채로운 향미를 즐기기 위해 필터 커피를 찾는 경향이 있다. "필터 커피가 핸드드립이에요?" 혹은 "푸어오버 Pour-over 커피인가요?"라고 물어보는 그 메뉴다. 커피를 잘 모르는 사람들이 보기엔 둘의 차이가 뭔지 헷갈릴 만큼, 같은 갈색을 띤 블랙 커피다. 메뉴판을 보면 아메리카노는 그냥 아메리카노(에스프레소)라고 써 있고, 필터 커피는 나라와 농장 이름, 품종과 가공방식이 자세히 적혀 있다. 가격도 조금 더 높다. 손님들이 보기에도 필터 커피가 더 맛있고 좋아보일 것 같은데, 부담스러운 마음과 함께 익숙한 아메리카노 대신 모험을 시도할 용기가 쉽게 나지 않아 주저하며 물어보다가 결국 아메리카노를 선택한다. 그중에서도 한국인의 사랑, 아이스 아메리카노를 주문한다. 오늘도 주문을 받는데 아메리카노와 필터 커피의 차이가 뭔지에 대한 질문을 받았다. 평소처럼 내가 아는 선에서 최선을 다해 설명했지만 잘 통하진 않았는지 이해하기 어려운 눈치다. 사실 나도 명확히 잘 모르겠는데 뭘. 문득 입사하고 추출 교육을 받았을 때나 근무 중간중간 지나가면서 사장님이 해 주셨던 말을 메모해 두었던 기억이 났다. 조금 이따 쉬는 시간에 지하 워크룸에 내려가 노트한 내용을 찾아봐야겠다.

에스프레소의 특징

사장님은 에스프레소가 무엇보다 달콤하고 부드럽고, 향미가 풍부해야 한다고 했다. 쉽게 확 다가오는 향미에 집중하기보다 바리스타가 조절하기 쉬운 맛의 균형에 집중해야 한다고 강조하셨다. 말은 쉽지만 사장님이 쓰신 책 제목처럼 커피가 커피지 뭐. 에스프레소는 에스프레소. 필터 커피와 다른 것 같으면서 똑같은 것 같기도 하고. 내가 조절하는 대로 맛이 획획 변하는데, 어디에 기준을 맞춰야 할지 어렵다. 내 혀를 내가 믿을 수 없어 속상한 기분도 든다. 바리스타라면 자신이 내린 커피에 자부심을 가져야 한다고 하셨는데, 이래서야 내가 어떻게 자부심을 가질 수 있을까?

일단 내가 이해한 대로라면, 에스프레소는 고온, 고압으로 추출하기 때문에 맛의 균형을 완성하려면 단맛의 역할이 제일 중요하다. 사장님은 자신의 오랜 경험상 에스프레소는 추출을 시작하고 18초가 되었을 무렵이 가장 중요하다고 했다. 이유를 물어보니 과학적인 배경을 설명하긴 어렵단다. 추출이 시작되고 나서 18초간의 변화를 잘 관찰하고 그 차이점을 발견하면 '아! 이거구나!' 하는 순간이 올 때 비로소 에스프레소 추출에 대해 함께 이야기해 볼 수 있다고 하셨다. 우선 정해진 레시피대로 추출해 본다. 이렇게 내리는 이유가 뭘까 궁금하지만, 사장님 말대로 '아! 이거구나!' 하는 순간이 올 때까지 기다려 본다.

● 메쉬커피의 에스프레소 레시피

1) 포터필터에 커피 가루 18g을 담는다.
2) 포터필터를 에스프레소 머신에 장착하고, 추출 버튼을 눌러 25초 동

안 추출한다.

3) 추출한 에스프레소는 42g에 맞춘다.

필터 커피의 특징

필터 커피는 에스프레소로 만든 아메리카노와 다르게 산미가 선명하고, 촉감이 깔끔하며 가볍고 경쾌하면 좋다고 했다. 그리고 무엇보다 섬세한 향미에 집중해야 한다고 하셨다. 확실히 아메리카노와 다르다. 커피를 추출할 때는 아메리카노가 편하지만, 내가 마실 때는 필터 커피가 좋다. 사장님은 에스프레소를 더 좋아하신다고 하지만, 단골 손님이 와서 신경 써서 내려야 할 때는 분명 필터 커피를 더 선호하신다. 필터 커피는 분쇄도, 추출 시간, 물의 온도, 유량, 유속 등 바리스타가 컨트롤할 수 있는 요소가 많다. 그래서 바리스타의 손맛이 살아 있다. 잘 내리는 사람과 그렇지 않은 사람의 차이도 크고. 나는 아직 내가 내리는 커피가 다 다른 맛을 내는 것 같아 굉장히 속이 상한다. 사장님은 원래 그렇다고, 괜찮다고 하시면서 충분히 맛있다고 칭찬 아닌 칭찬을 하시지만, 내가 커피를 내릴 때면 동작 하나하나, 물줄기가 분쇄된 원두와 만나는 지점, 물이 빠지는 정도 등을 다 확인하고는 '어, 뭐 괜찮겠지!' 하고 놀리고 가신다.

● 메쉬커피의 브루잉 레시피

1) 원두 14g을 분쇄해 준비한다.

2) 물을 총 4번에 나눠 붓는다. 처음 20초 동안 40g을 붓고, 20초 간격을 두고 다시 50g을 붓고, 또 20초 간격을 두고 50g, 마지막으로 100g의 물을 붓는다.

3) 총 추출 시간은 1분 40초 ~ 2분 사이여야 한다. TDS는 1.35, 추출수율은 20%로 맞춘다.

Question 2   내가 내린 커피에 대한 마음

　커피는 좋았다가 나빠질 수도, 나빴다가 좋아질 수도 있기 때문에 처음 시음했을 때 맛있다고 다가 아니다. 천천히 변해가는 전체 과정을 살펴야 한다. '커피를 정말 잘하려면 말이지….'로 시작한 사장님의 말을 되짚어 보면서 내가 내린 커피를 다시 천천히 마셔보고 평가해 본다. 그런데 분명 맛있어야 하는 커피가 그렇지 않다. 큰일이다.

　내가 내리는 커피, 정말 괜찮은 걸까? 커피를 내려 손님에게 드리는 모든 과정이 불안하다. 호기심에 해 보면 재밌겠다는 마음으로, 분명 잘하리라는 믿음으로 시작한 일이다. 그런데 커피를 잘 만들어야겠다는 목표에 도달하기는 커녕 내가 내린 커피가 맛없게 느껴져 스스로 작아지고 움츠러들게 된다.
　커피를 내릴 때, 특히 사장님이 옆에서 지켜보고 있으면 하던 일도 잘 안 된다. 내 마음처럼 손도 같이 떨려서 더 창피할 때도 있다. 커피를 내리는 일이 이렇게 긴장되고 불안한 일이라니. 잘하고 싶은 욕심과 속상한 마음이 동시에 든다. 나만 아는 실수는 또 왜 이렇게 잘 보이는 건지. 사장님이나 동료 바리스타들이 알아차렸을까. 손님에게 커피를 드려도 되나 싶은 마음에 얼굴 표정이 어두워진다. 어린 시절 거짓말하면 엄마에게 매번 들킨 이유가 아마 이래서지 않을까. 맛있는 커피를 내리기도 힘든데, 뭔가 더 큰 어려움에 빠진 것 같다. 내 커피에 자부심을 갖는 게 왜 이렇게 어려울까? 나는 언제쯤 잘할 수 있을까 고민하고 있는데 사장님이 한마디하신다.

"바리스타는 자신이 내린 커피에 자부심이 있어야 해. 언제나 당당하고 멋있어야지. 마음이 불안하고 자신감이 없으면 컵에 그대로 그 마음이 담기기 마련이야. 일단 자신을 믿고, 커피를 믿고, 주위 사람들을 믿어 보자. 실수하더라도 당당하게! 자신을 잃어버리지 않았으면 좋겠어. 배운 대로, 또 하던 대로 하면 실수를 하더라도 주위 동료들이 잘 도와줄 거야. 커피를 내릴수록 점점 자신감도, 실력도 나아질 테니까."

바리스타라면 내가 내린 커피에 자부심이 있어야 한다니 참 어렵다. 이제 막 커피를 시작한 나는 내가 전문가인가도 의심스러운데. 그렇다고 내가 불안해하며 커피를 제공하면 손님들은 금방 눈치를 챈다. 나에 대한 믿음과 함께 내가 내린 커피에 대한 믿음도 같이 떨어지게 되는 것이다. 누구나 실수는 할 수 있다. 평소에 충분히 연습하고, 수많은 커피를 내렸어도 말이다. 내 커피에 대한 확신이 쉽게 들기는 어렵겠지만, 아직 일어나지 않은 실수에 집착해 자신이 잘하던 것도 힘들어질 정도로 불안해하지 말아야 한다.

불안에 빠진 나에게 사장님은 차분히 마음을 가라앉히고 그저 평소에 하던 대로 커피를 내리라고 하신다. 바리스타는 마지막까지 멋있어야 한다면서. 사장님은 나를 믿는다고 했다. 나도 내가 내린 커피를 믿고 내 손님에게 불안을 전염시키지 않도록 해야겠다.

이제 좀 커피에 자신감이 붙을 무렵, 사장님에게 맛보라고 커피를 내려 드렸다. 사장님은 커피를 맛보시더니 조금 더 노력하면 좋겠다고, 아쉬움이 느껴진다고 했다. 요즘 칭찬을 많이 받아서 자만하고 있지는 않은지 생각해 보라고 했다. 그때 내가 번쩍 든 생각, 아 역시 사람은 겸손해야 한다. 혹시 내가 커피 천재가 아닐까 싶었는데, 나는 분명히 그 정도의 사람은 아니다. 노력이 필요한 보통의 사람이지. 잔뜩 주눅이 들었던 과거의 나에게 사장님이 커피에 자신감을 가지라고 말해 준 것에 너무 많은 용기를 얻었나 보다. 사장님의 편

잔에 정신이 번뜩 든다. 일반적으로 커피를 마시는 손님들보다는 내가 커피를 많이 알고 전문적일 수 있으나 아직 부족하다는 생각을 잊지 않고 꾸준히 배우고, 더 나은 커피와 내가 되기 위해 노력해야 한다. 인생은 균형 잡기. 어느 한쪽에 치우치기 쉽지만 좌우 균형을 잘 맞춰야 한다.

메쉬커피에서 일하면서 내가 가져야 할 것은 자존감과 겸손함이 아닐까? 어쩌면 그게 메쉬커피 바리스타가 가져야 할 신념이고. 사장님은 메쉬커피가 월드 베스트가 되는 것을 목표로 하고 있다고 말씀하셨다. 하지만 동네 작은 카페임을 잊지 않고 늘 최선을 다해야 한다고도 했다. 월드 베스트라니. 이 말이 농담인지 진담인지 헷갈리지만, 사장님의 진지한 표정에 나도 높은 목표지만 자신감을 갖고 그에 맞게 잘해 내야겠다. 그래서 기도처럼 해 보는 나만의 목표와 다짐. '나는 할 수 있다. 불가능은 아무 것도 아니다. 기필코 나는 해 낼 것이다.' 누구나 알아채는 특징은 물론, 미약한 향미와 부정적인 느낌들도 커피에서 찾아낼 수 있어야 한다. 자, 일단 해 보자!

보기보다 더 어려운 에스프레소

출근하면 매일같이 바라보는 에스프레소 머신이지만 그 앞에 서면 여전히 마음이 두근거린다. 오늘의 커피는 나에게 어떻게 말을 걸까? 어떻게 이 커피에 내 방식을 더해서 맛을 표현할까? 며칠 쉬고 온 다음날이면 오랜만이라 기술적인 실수를 해서 커피를 망치진 않을까 하는 이런저런 생각도 든다. 일단 출근하면 익숙하게 늘 해 오던 에스프레소 루틴을 실행한다. 에스프레소 머신의 세팅값은 문제가 없는지, 보일러 압력계의 숫자나 추출 온도, 유량을 꼼꼼히 확인하고 스팀은 잘 나오는지, 교체해야 할 소모성 부품은 없는지 살핀다. 다 확인한 다음 그라인더의 분쇄값을 확인하고 추출 시작. 천천히 꿀처럼 부드럽게 떨어지는 커피를 바라보며 동료와 커피 맛을 함께 확인하고 의견을 나눈다. 그래, 커피하기 잘했다.

오늘은 이제 막 커피를 시작한 경언 씨에게 에스프레소 머신 사용법을 알려줄 차례다. 어디서부터 어디까지 알려주면 좋을까? 잘 내린 에스프레소는 수많은 변수들의 총합이 조화를 이뤄야 한다. 이를 위해선 일단 재료에 대한 이해가 중요할 테고, 에스프레소의 특성과 추출 단계, 조절 포인트 등 설명할 게 넘쳐난다. 이 모든 것을 오늘 배우고 이해하기는 참으로 어려운 일이다. 일단 다치지 않고 에스프레소 머신을 다루는 것에 익숙해지도록 그룹헤드Group head에 포터필터를 결합하는 연습을 시켜야겠다. 그러고 나서 에스프레소 추출 루틴이 익숙해질 때까지 반복 연습! 내가 내린 에스프레소를 맛보면서 바리스타가 다듬어야 할 기준점을 잡아 줘야겠다. 빨리 배우고 싶을 테지만 생각보다 꽤 오랜 시간이 걸리는 일이다. 커피를 분쇄하고, 담고, 누르고, 머신에 결합하고 버튼을 누르는, 어찌 보면 너무 단순한 일이지만.

사람들이 생각하는 아르바이트 수준의 바리스타라면 사용법만 10분 내외로 잘 배우면 될 일이겠지만, 이 지루하고 고단할 수 있는 단순 동작들 가운데 아주 사소한 차이가 사람들이 놀라는 한 잔의 커피를 만들어 낸다. 해 주고 싶은 이야기는 너무나 많지만 에스프레소에 익숙해지고 동료들과 호흡만 맞아도 큰 성공이다. 그동안 메쉬커피의 바리스타들이 쌓아온 에스프레소 추출의 안전지대에 들어와 성장할 수 있는 첫걸음을 뗀 것만으로도 좋은 출발이다. 일하는 중간중간 부딪히게 되는 현장의 문제들을 해결해 나가며, 평소 이야기해 주는 알아두면 좋은 정보들을 기억해 두었다가 필요할 때 꺼내 스스로 공부할 수 있다면 좋은 바리스타가 되리라 믿는다.

Answer 에스프레소 재료에 대한 생각

    에스프레소를 추출하기에 앞서 추출 이전의 과정에 대해 잘 이해할수록 커피가 맛있어진다. 바리스타들에게 시드 투 컵이 중요하다고 입이 아프도록 강조하는 이유다. 그럼 에스프레소를 내릴 때는 어떤 재료를 쓸까? 물론 에스프레소를 내리기 좋게 잘 로스팅된 원두가 필요하다. 그리고 당연해서 잊고 넘어가기 쉬운, 생각보다 아주 중요한 역할을 하는 잘 처리된 물도 필요하고. 이 두 가지 재료에 대해 많이 알면 알수록 내가 내리는 에스프레소에 대해 더 잘 이해할 수 있다. 조금 더 경험이 쌓이면 재료에 대한 정보만으로도 머릿속으로 에스프레소 추출의 뉘앙스나 어떤 맛이 나올지 유추해 볼 수 있다. 내 예측이 틀리면 또 어떤가? 예상과 다른 결과를 받아들이며 경험과 감각을 익혀 나가면 된다.

    내가 내리는 에스프레소에 사용된 커피에 대한 정보를 최대한 확보해 보자. 커피가 생산된 농장, 품종, 가공방식, 밀도, 로스팅 방식, 분쇄 형태, 디개싱Degassing 정도 등 모든 요소들이 서로 상호 작용하면서 맛에 직접적인 영향을 끼친다. 커피에 대한 정보는 가까운 사람들에게 물어보고, 인터넷으로 검색하거나 책을 찾아봐도 좋다. 말 그대로 정보의 홍수 시대. 원하는 마음만 있다면 쉽게 얻을 수 있다.

  커핑을 통해 커피의 특성을 파악하는 일 역시 중요하다. 지식은 결국 지금 내가 느끼는 감각적인 경험을 넘어서지 못한다. 에스프레소를 추출했을 때의 맛과 커핑을 했을 때의 맛이 너무 달라 기준점을 잡기 어렵다고 경언 씨가 이야기한다. 아마 경언 씨만의 고민은 아닐 것이다. 커핑을 위해 세팅한 커피는 커피와 물의 비율이 1:16이라 필터 커피에 가깝고, 시간의 변화에 따라 미묘한 맛이 서서히 드러난다. 반면 에스프레소는 훨씬 적은 양의 물을 사용해 기계의 높은 압력으로 진한 농도의 커피를 짧은 시간 안에 추출한다. 에스프레소에서만 볼 수 있는 예쁜 크레마Crema나 진하지만 쓴맛이 덜하고 풍부한 향미를 느낄 수 있다는 특성 때문에 에스프레소는 필터 커피나 커핑에서 느낀 맛과는 다른 뉘앙스로 느껴질 때가 많다.

  그래서 에스프레소를 추출할 때는 내가 파악한 재료의 특징이 추출 특성에 따라 어떻게 느껴지는지 고민할 필요가 있다. 커피에 따라 로스팅하고 3주 정도가 지났을 때 더 맛있기도, 당일 로스팅한 커피가 '오케이'일 때도 있지만, 메쉬커피에서는 로스팅한 지 일주일 이상 지난 커피를 에스프레소 추출에 사용하는 편이다. 우리는 추출할 때 최적의 기준점을 찾는 것이 아니라, 모든 바리스타들이 균일하게 맛을 낼 수 있는 지점을 기준으로 추출 포인트를 잡는다. 하지만 커핑한 커피를 실제 추출에 적용하기까지 꽤 시간이 걸리기 때문에 커핑 때 느꼈던 맛과 지금 내린 에스프레소의 맛을 연결시키는 데 어려움을 겪는다. 커핑했을 당시의 기억을 최대한 떠올리거나 따로 메모를 해두고 에스프레소에서 느껴지는 커피 맛의 차이를 찾아보면 어느 정도 감을 잡게 된다. 작은 차이를 느끼고 나만의 방식으로 탐구하는 과정은 여기서도 빛을 발한다.

에스프레소 추출 과정을 간단히 살펴보면 크게 프리 인퓨전 Pre-infusion 〉 인퓨전 Infusion 〉 포스트 인퓨전 Post-infusion의 세 단계로 나눌 수 있고, 단계별 변화는 육안으로도 확인이 가능하다. 프리 인퓨전은 커피가 추출되기 전 단계로, 적심이라고 부르기도 한다. 이 단계에서는 커피와 물이 적절하게 섞여 이후 본격적인 추출이 원활하게 이뤄질 수 있도록 돕는다. 프리 인퓨전에 소요되는 시간에 따라 에스프레소의 전체적인 인상이 결정된다. 보통은 에스프레소 머신의 추출 프로파일에 따라 세팅되어 따로 조절이 불가능하다.

인퓨전은 본격적으로 커피의 성분이 추출되는 구간이다. 이때 추출되는 커피의 색이 진한 갈색에서 점진적으로 연해지는 것을 볼 수 있다. 인퓨전 효과를 극대화하는 노력이 필요한데, 인퓨전 구간이 효율적으로 이뤄져야 맛있는 에스프레소를 내릴 수 있다. 포스트 인퓨전은 인퓨전 단계에서 추출된 커피를 적정한 농도로 희석하는 과정이라 받아들이면 이해하기 편하다. 커피가 연하고 힘없이 추출되는 구간이기도 하다. 이때는 맛의 균형감에 많은 영향을 끼치기 때문에 바리스타가 의도한 방향에 맞춰 잘 활용하면 좋다.

에스프레소를 추출할 때는 목표를 다른 무엇보다 재료의 특성이 자연스럽게 드러나는 데 두는 것이 좋다. 재료와 추출의 특성을 이해해야 하는 것도 그런 이유에서다. 산지와 품종의 특성이 잘 드러나고, 자연스러운 단맛과 활력을 느낄 수 있는 산미의 재밌는 균형감에 기분 좋은 쓴맛과 부드러운 촉감까지 더해진다면 더할 나위 없다. 내가 원하는 방향으로 맛을 억지로 만들기 위해 커피를 괴롭히지 않기를 바란다. 사람도 커피도 자연스러울 때가 가장 매력적이다.

커핑 때 느꼈던 맛과 지금 내린 에스프레소의 맛을 연결시키는 데 어려움을 겪는다. 커핑했을 당시의 기억을 최대한 떠올리거나 따로 메모를 해두고 에스프레소에서 느껴지는 커피 맛의 차이를 찾아보면 어느 정도 감을 잡게 된다.

에스프레소 추출

Question 2 에스프레소 잘 내리는 법

사장님 말대로 에스프레소를 잘 내리기 위한 방법을 요약해 봤다.

1) 정확하고 빠른 움직임을 가지겠다고 스스로 되뇐다.
2) 포터필터에 분쇄된 원두를 담을 때, 커피 가루가 포터필터의 가운데로 떨어지며 쌓이는 것을 확인한 후 손을 뗀다. 커피 가루가 한쪽으로 쏠리면 채널링Channeling이 발생하므로 미리 방지해야 한다.
3) 쌓인 커피 가루를 손으로 가볍게 쓸어 표면이 평평해지도록 만들어 준다.
4) 자동 탬핑 기계에 포터필터를 깊숙이 밀어 넣고, 너무 급하지 않게 뺀다.
5) 그룹헤드에 포터필터를 장착할 때 포터필터의 각도가 내 몸 정면을 기준으로 90도 정도 되는 지점에 위치하도록 한다.
6) 모든 동작을 할 때마다 어느 곳에 부딪히지 않도록 주의한다.

'아, 쉬운듯 어렵네, 에스프레소.'
정말 신기한 일이다. 커피 바에서 에스프레소를 내리는 작업은 굉장히 중요한 일이라 내가 에스프레소 머신 앞에 서기까지 오랜 시간이 걸릴 줄 알았다. 다른 매장은 입사하고 한동안은 커피 추출을 하지 않고 매장 정리와 청소, 설거지 같은 보조 업무를 한다고 들었으니까. 그런데 기본 교육이 끝나고 매장의 흐름이 눈에 채 들어오기도 전부터, 나는 미처 준비가 되어 있지 않았지만 이미 에스프레소를 추출해 음료를 제조하고 있었다. 물론 사장님이나 동료들이 계속 내 속도에 맞춰 주고 실수하지 않도록 도와줬으니 가능한 일이었다. 사실 처음 에스프레소를 추출했을 때 내가 내린 커피를 손님에게 드려도 괜찮나 싶어 두려운 생각이 들기도 했다. 그래도 에스프레소를 추출하는 동작이 낯설어서 그렇지, 어색한 순간이 좀 지나고 나니 따라하기 쉽고 간단했다. 커피를 분쇄하고, 담고, 자동 탬핑 기계에 넣고, 그룹헤드에 장착하고 추출. 심플하고 동선도 어렵지 않았다. 같은 일의 반복이었다. 다만 나는 늘 똑같은 동작을 하는데 사장님은 옆에서 아까와 다르다고 말하고 조금씩 조정해 주시곤 했다. 나는 뭐가 다른 건지 몰라서 고민했다. 에스프레소의 맛은 여전히 모르겠지만, 일단 맛있고 추출하는 과정도 이제 좀 이해가 되기 시작한다. 아니, 여전히 잘 모르겠지만 일단 그렇게 믿기로 했다.

바쁘게 일을 하고 시간이 흐르면서 익숙해지는 일. 급하기만 하던 마음에도 여유가 조금 생긴 것 같다. 에스프레소 머신 앞에 서기 싫고, 포스 앞에 서서 주문을 받기도 싫고, 사람이 무서웠던 시절이 그렇게 지나갔다. 포터필터에 담기는 커피 가루의 모양이나 에스프레소가 어떻게 추출돼서 내려오는지, 동료들은 어떻게 움직이고 어떻게 커피를 내리는지 여유가 생긴 다음에야 보였다.

커피를 내리다 보면 내 예상보다 추출이 빨라지기도 하는데, 그럴 땐 분쇄도를 조인다. 추출 시간이 19초대로 많이 빨라졌다면 분쇄도의 조절 범위를 생각보다 더 가늘게 설정할 필요가 있다. 바리스타들이 에스프레소를 추출할 때 제일 많이 조절하는 부분이 바로 분쇄도다. 분쇄도에 따라서 에스프레소의 맛은 크게 달라진다. 분쇄도가 굵어지면 커피가 연해서 물맛이 강하고, 시큼하고 단맛도 부족해 쓴맛이 더 부각된다. 반대로 분쇄도가 가늘어지면 커피 성분이 더 잘 녹아 나와 좋을 것 같지만, 너무 가늘어지면 물이 한쪽으로만 흘러 추출이 균일하게 일어나지 않는 채널링이라는 현상이 오히려 더 잘 일어난다고 한다. 그렇게 되면 분쇄도가 가늘어져도 추출 시간이 늘어나지 않고 에스프레소 맛도 진해지기보다 오히려 쓰고 밍밍해진다. 커피 성분이 덜 녹아서 생기는 문제라 분쇄도가 굵을 때와 비숫한 느낌이 난다. 나처럼 경험이 적은 바리스타라면 헷갈릴 수 있는 부분이다.

처음 맛을 잡을 땐 분쇄도를 굵게 시작해서 조금씩 가늘게 조절하다 보면 점점 차이가 좁혀지면서 더 이상 분쇄도를 조절하지 않아도 추출이 일정한 평형 상태에 이른다. 참 신기한 일이다. 사장님이 분쇄도를 조절하면 두세 번만으로도 금세 안정감 있고 균일한 추출이 세팅되는데, 나는 하루 종일 분쇄도와 씨름하느라 커피를 너무 많이 맛봐서 속이 타들어 간다. 사장님은 너무 완벽한 에스프레소를 내리려는 욕심 때문에 분쇄도를 자주 만져서 오히려 길을 잃었을 수 있다며 에스프레소랑 그만 싸우라고 놀린다.

좋은 세팅을 잡았다 해도 문제가 생기는 경우는 참 많다. 추출과 다음 추출 사이의 시간이 10분 정도로 벌어졌을 때, 그라인더의 원두를 약간 갈아내 버리지 않으면 신선하고 달콤한 향미가 사라진다. 사장님이 포터필터에 담긴 커피 가루의 향을 자주 체크하고 마음에 들지 않으면 과감히 버리는 이유가 그래서인가 보다. 쉴 틈 없이 연속적으로 추출을 하다 보면 추출 시간이 느려지는 경우가 생기기도 한다. 그렇게 추출한 커피의 맛을 보면 쓰고 거칠어져서 분쇄도가 가늘다고 판단해 굵게 조절하기 마련인데, 이럴 때는 성급히 분쇄도를 조절하기보다는 포터필터를 한 번 세척하고 추출해서 맛을 보도록 하자. 커피를 많이 내리면 필터 바스켓Filter basket과 포터필터가 지저분해져서 잔여물이 남아 커피의 향미가 쓰고 탁하다고 느낄 수 있다. 그래서 세척을 하고 나면 맛이 다시 돌아올 가능성이 크다. 분쇄도만 굵게 조절하면 커피 맛이 나아지는 것이 아니라, 덜 달콤하고 산미가 날카로워지는데다 세척하지 않아서 생긴 나쁜 맛까지 더해진다. 바쁜 와중에도 여유가 생길 때마다 틈틈이 포터필터를 세척하는 것을 잊지 말자!

이것 말고도 여전히 에스프레소 머신 앞에서 커피를 내리다 보면 모르는 것 투성이고, 나름 배운 대로 잘한다고 생각했지만 사장님은 다르다고, 틀렸다고 하거나 그 정도면 충분하다고만 하니 답답한 마음에 속이 부글부글 끓는다. 사장님, 틀린 건 알겠는데 어떻게 고쳐요?

에스프레소 초보를 위한 빨간펜

정말 시키는 대로만 하면 되는 일인가 싶겠지만, 바리스타의 일이란 맛있는 에스프레소를 꾸준히 맛보고 같은 동작을 반복하면서 작은 차이를 알아내고 그 경험을 쌓는 것이다. 그중에서 제일 중요한 일은 커피를 내리는 일이 손에 익숙해지는 일이라 생각한다. 맛을 조절하는 일 이전에 완벽한 자세와 동작들이 바탕이 되어야 내가 원하는 맛을 재현해 낼 수 있으니까. 커피 가루를 담고 탬핑하고, 에스프레소 머신에 결합하는 일이 자연스러워지고 난 다음에는 에스프레소를 추출할 때 바리스타가 맛을 조절하기 위해 하루 중 가장 많이 시도하는 분쇄도 조절에 꾸준히 익숙해지자. 그러고 나면 어떤 밸런스의, 어떤 톤을 가진 커피를 원하는지 아는 것이 중요해진다. 내가 원하는 에스프레소를 위해 계속 조금씩 변수를 조절하고, 그렇게 매일매일 해야 한다.

경언 씨가 일에 익숙해져서인지 커피 추출에 대해 이것저것 물어보는 게 많아졌다. 자연스러운 호기심이고 바리스타에게 꼭 필요한 마음가짐이다.

"에스프레소는 맛에서 균형감이 중요하다고 하셨잖아요? 단맛이 부족해서 산미가 강하게 느껴질 때는 아예 산미를 줄여서 밸런스를 맞추고, 그러다 보면 전체적인 향미를 줄이는 식으로 추출하게 되는데 괜찮을까요?"

"질문에 답이 있는 것 같은데? 단맛이 부족해서 산미가 강하다고 했잖아. 그러면 산미와 단맛의 균형을 맞출 때 단맛을 어떻게 더할 수 있을까를 먼저 고려해야 해. 커피 성분이 충분히 녹아 나왔다면 산미도, 단맛도, 쓴맛도 강하게 표현될 거야. 분쇄도의 미묘한 차이 때문에 맛이 균형을 이루지 못한 것으로 봐야 하지. 밸런스를 잡기 위해서 전체적인 향미를 줄이는 방향으로 잡았다면, 아마 분쇄도를 굵게 조절했겠지? 그러면 전체적인 향미도 줄어 바리스타의 의도와 다르게 오히려 산미가 더 날카롭게 표현되기도 해. 바리스타가 분쇄도를 정확하게 조절하려면 에스프레소의 맛을 보고 커피 성분을 더 녹여 내야 할지, 덜 녹여 내서 균형을 잡아야 할지 판단을 정확하게 해야 해. 경험이 많은 주변 동료나 선배들의 도움과 의견이 필요한 부분이고, 시간이 걸리는 일이라고 생각해. 좋은 품질의 에스프레소를 꾸준히 경험하다 보면 분명히 깨닫게 되는 날이 있을 거야."

경언 씨의 얼굴을 보니 성에 차지 않는 표정이

고, 뭔가 계속 헷갈리고 더 큰 어려움에 빠진 느낌이다. 당장 해결할 수 있는 기술적인 조언을 원했을 테고, 지금 딱 맞는 해결책을 바로 알려주면 당장은 해결될 일이긴 하다. 하지만 바리스타가 자기 스스로 답을 찾는 힘을 기르려면 쉬운 답도 빙빙 둘러서 생각해 봐야 한다. 커피를 내리다 보면 예측하기 힘든 돌발 변수가 많다. 배운 대로, 책에 나온 대로, 혹은 어제 함께 이야기한 대로 했지만 다양한 상황에서 미묘한 차이로 전혀 다른 결과를 내는 일이 수두룩하다. 머리가 아닌 몸으로 익혀 감각이 살아 있는 바리스타가 되기 위해서는 자신의 생존 본능을 일깨우는 일이 필요하다. 하지만 지금 당장 맛있는 커피를 내리고 싶고, 알려주면 잘할 자신이 있다는 바리스타에게 내 이야기가 어렵게 들리긴 할 거다. 이 역시 잘 알고 있다. 나도 그런 시기를 지나왔으니까.

> **"커피가 맛이 없는 이유는 참 다양한데, 꼭 바리스타가 모든 책임을 질 필요는 없다고 생각해. 로스터가 로스팅을 잘못하기도, 생두 보관이 잘못되어 맛이 손상되기도, 덜 익은 커피체리를 수확했거나 가공 과정에서 결함이 생겼을 수도 있으니까. 그럼에도 바리스타가 커피를 내리는 매 순간 신경 써서 주의해야 하는 부분이 있**

다면 채널링이겠지. 커피 가루와 물이 골고루 적셔진다면 참 좋겠지만, 약간의 틈만 있어도 물은 그쪽으로 지나가기 마련이니까. 바리스타의 실수로 커피가 맛없어지게 되는 제일 흔한 이유. 커피를 오래하고 있는 지금도 채널링이 생기진 않을까 항상 조심하게 돼. 내가 원하는 만큼 커피 성분을 녹이기 위해선 물과 커피 가루가 만나서 잘 흘러가게 해야 하니까."

"제가 내린 커피가 맛있는 에스프레소가 아닌 건 알겠는데, 어떻게 해야 할지 모르겠어요. 제가 생각하는 맛의 균형이 맞는지도 모르겠고, 제가 판단하는 게 맞는지 틀린지 확신이 없어서 조절도 못하겠어요."

"맛이 없는 건 균형감이 부족한 탓도 있지만, 기준점이 아직 확실히 잡혀 있지 않은 지금의 수준에서는 그동안 메쉬커피의 바리스타들이 경험으로 쌓아올린 추출의 안전지대에 들어갈 수 있는 물리적 기준에라도 도달할 수 있도록 노력해 보자. 무언가 부족하다고 느꼈다면 추출 변수들 가운데 어딘가에서 균형을 잃게 만드는 요소가 있었다고 봐야 해. 먼저 동료 바리스타들이 추출한 에스프레소와 비교해 보고 본인의 추출 루틴을 다시 한 번 점검해 볼 필요가 있어. 그리고 내가 이야기한 물리적인 기준점들을 하나씩 잘 실행하면서 숙련도를 높이는 일에 집중해 보자. 맛을 잡는 일은 경험이 많은 동료에게 일단 믿고 맡겨 두고 말이야. 안전지대라고 부르는 이유는 물리적이고 기능적인 요소를 지키기만 해도 좋은 재료에서 나오는 잠재력을 끌어낼 수 있는 힘이 있기 때문이야."

내가 내린 커피가 맛이 없으면 생각보다 자존심에 상처를 입기 쉽지만, 본인의 자존감마저 무너질 일은 아니라고 생각한다. 조급해하지 말고 천천히 커피를 내렸으면 좋겠다.

 ## 에스프레소 연습 일지

　　에스프레소를 추출할 때 어려운 점이 참 많다. 예를 들어 총 추출량을 40g에서 42g으로 늘린다고 하더라도 그 목적이 다를 수 있다. 커피 성분을 좀 더 녹이기 위해, 즉 추출 수율을 높이려는 전략과 너무 농도가 진한 커피를 옅게 만들려는 전략. 일단 물의 사용량이 늘어나면 당연히 농도는 옅어지고, 추출 수율은 올라간다. 그렇기 때문에 에스프레소 추출 레시피를 조절하는 목적이 중요해진다. 2g만 더 추출해도 농도가 옅어져 농밀함이 부족하다고 느낄 수 있지만, 메쉬커피의 추출 철학에 따르면 에스프레소는 농도보다 추출 수율에서 드러나는 전반적인 톤이 중요하다고 했다.

　　에스프레소 제조 비율, 농도와 수율, 레시피라는 단어를 들을 때마다 익숙해지려 노력하지만 참 어렵다. 그럼에도 커피 바에서 일하려면 필수로 알아야 한다. 대화를 주도하지는 못하더라도 함께 일하는 바리스타들과 호흡을 맞추려면 최소한 이해해야 하는 용어들이 있으니까. 현장에서 필요한 만큼은 그때그때 사장님들이나 동료들이 설명해 주지만 그보다 자세히, 또 정확히 알고 싶다면 개인적으로 찾아보고 공부해야 한다. 그런데 내가 에스프레소에 대해 얼마나 잘 이해하고 있는지, 그렇지 않은지를 사장님이 어떻게 알까?

> **"요즘 같은 계절에 제일 잘 팔리는 아이스 아메리카노가 맛있어지려면 에스프레소의 추출 방향성을 어떻게 잡아야 할까?"**
> **"사장님, 저 이제 입사한 지 한 달이 조금 넘었습니다만."**

지금까지 익힌 것을 바탕으로 할 수 있는 만큼만 이야기해 보라는 말에 용기를 얻어 고민해 본다. 메쉬커피에서 사용하는 커피들은 산미가 잘 표현될 수 있는 라이트 로스팅 Light roasting 으로 진행되므로, 자칫 추출을 잘못하면 날카롭고 찌르는 듯한 불쾌한 산미가 느껴질 수 있다. 산미는 커피 맛에 생동감과 재미를 부여하는 중요한 요소이기 때문에 자극적이지 않고 부드럽게 표현해야 한다. 잘 익은 사과라든가 말린 과일같이 산미의 강도는 낮은 편이지만 커피를 마신 뒤 은은히 올라오는 그런 뉘앙스. 라이트 로스팅한 커피의 경우 쓴맛이 비교적 적기 때문에 에스프레소에서는 단맛이 강하게 느껴지는 구간을 지나 쓴맛이 높아지기 전까지 단맛을 최대한 녹여낼 필요가 있다. 날카로운 산미가 표현되는 것에 주의하고, 기분 좋은 정도의 쌉싸름한 맛이 나타나면서 조금은 더 녹진하게 추출될 수 있도록 해야 한다. 지금 사용하는 커피의 추출 레시피에서는 초콜릿 향과 캐러멜 향이 중점적으로 드러날 수 있도록 분쇄도를 조절하는데, 그 톤을 잡기 위해서는 추출 수율을 높여 줘야 한다. 사실 내가 말하고도 무슨 말인지 잘 모르겠다. 평소에 사장님과 선배 바리스타들이 하는 이야기를 귀담아 들었던 것을 꺼내 대답했다. 서당개 3년이면 풍월을 읊는다던데, 언젠가 나도 서당개가 될 수 있으려나.

다시 한 번 정리하는
에스프레소 추출 팁

1. 좋은 품질의 에스프레소를 많이 경험한다.
2. 추출의 목표를 확실히 정한다.
3. 꾸준히 반복하면서 추출 프로파일을 안정적으로 다듬는다.
4. 항상 저울을 사용한다.
5. 에스프레소는 작은 차이에도 큰 변화가 생긴다는 것을 인지한다.
6. 동작은 매번 동일하게, 또 빠르고 정확하게 효율적으로 이뤄져야 한다.
7. 다른 바리스타들의 추출 루틴을 잘 관찰하고, 어려움이 있다면 도움을 받는다.
8. 추출 환경의 차이를 잘 감지하고, 추출 시간의 변화에 집중한다.
9. 무엇보다 에스프레소다운 커피의 밸런스를 유지한다.
10. 커피에 대한 자기만의 기준, 더불어 호기심을 갖는다.
11. 항상 위생을 고려한다.
12. 무리해서 다치지 않는다.

무언가 부족하다고 느꼈다면 추출 변수들 가운데 어딘가에서 균형을 잃게 만드는 요소가 있었다고 봐야 해. 먼저 동료 바리스타들이 추출한 에스프레소와 비교해 보고 본인의 추출 루틴을 다시 한 번 점검해 볼 필요가 있어.

커피 브루잉

 **세상에나! 브루잉 쉽지 않아**

커피는 재밌지만 하면 할수록 어려워지는 기분이다. 그나마 에스프레소는 기계의 도움 덕분인지 조금 안심이 된다. 하지만 브루잉은 처음부터 끝까지 다 모르겠다. 내가 이렇게 하는 게 맞나 싶은 마음만 자꾸 들고. 결정적으로 내가 내린 모든 커피가 다 맛이 없다. 사장님에게, 또 동료들에게 지금 내가 내린 커피가 맞냐고 매번 물어봤다. 변수가 너무 많아서 뭘 고쳐야 할지 모르겠다.

사장님이 종종 이야기하시는 미국 스페셜티 커피업계의 권위자인 테드 링글Ted R. Lingle의 말이 있다. '커피 추출은 간단한 과정이라고 오해하게 만든다. 사실 커피 추출은 수많은 변수들의 복잡한 상호 작용이고, 추출 결과가 맛있는 음료가 되기 위해서는 매우 엄격히 제어되어야 한다.' 백번 맞는 말이다. 그래서 안 될 때마다 오기로 되게 만들려고 했다. 사장님이 알려준 대로, 시키는 대로 해 보기도 하고 내 마음대로 내려 보고 그 사이에서 적절한 선을 찾으려고 노력했다. 나는 맛있는 커피의 정답을 원하는데, 사장님은 좀처럼 알려주지 않는다. 커피가 맛이 없으면 내 손해인가? 카페 손해지.

그런데 또 잘하고 싶은 욕심은 생긴다. 언젠가 나도 내 방식의 레시피를 만들어 잘 내려보겠다는 다짐을 하며, 그렇게 계속 배운 대로 브루잉을 해 본다. 계속, 계속.

    적시기의 중요함. 필터 커피를 내릴 때 중요하지 않은 부분은 없지만 분쇄된 원두와 뜨거운 물이 처음 만나는 순간인 적시기만 잘해도 마음이 놓인다. 사장님은 아무렇지 않게 잘하지만, 나는 도통 내가 어느 부분에서 잘못하고 있는지 모르겠다. 하지만 눈으로 비교해 봐도 분명 많이 다르다고 느낄 만큼 차이가 난다. 사장님이 적시는 과정을 할 때는 적당한 물의 양이 분쇄된 원두에 골고루 퍼져 보기에도 예쁘다. 나는 잘한 것 같다고 생각해도 슬쩍 지켜보고 가는 사장님은 부분적으로 덜 적셔졌다고 한마디하신다. 많이 연습해야겠지만, 커피 가루의 2~3배 가량 되는 50g 내외의 꽤 적은 물로 마른 커피 가루를 골고루 적시기란 참 쉽지 않다. 사장님이 지겹도록 브루잉을 많이 해봤다는 말은 확실히 믿을 수 있을 것 같다. 나는 언제쯤 잘할 수 있을까? 그렇다고 사장님이 알려줘서 내가 잘하게 되는 것은 성에 차지 않는다. 내가 해 보고 노력해서 잘하고 싶은 마음이 크다. 그런데 사장님이 자꾸 지나가면서 참견을 하신다. 고맙지만 사양하는 걸로.

내가 이해한 바로는 원뿔 모양의 하리오Hario V60 드리퍼를 사용하면 가운데 부분의 분쇄 원두 층이 제일 깊기 때문에, 물을 부을 때 그 지점에 살짝 머무르면서 충분히 적셔 주고 난 다음 점차 바깥으로 돌려가며 물줄기를 부어야 한다. 너무 빠르게 부어 가운데 지점이 아닌 바깥 지점으로 벗어나지 않도록 조심해야 한다. 가장자리에 너무 많은 물을 부으면 물이 필터 벽을 타고 그대로 내려가 분쇄 원두 층을 통과하지 못한 채 드립서버Drip server로 흘러들어가 연한 커피가 되고, 중심부가 충분히 적셔지지 못한 채 추출이 되도 예상했던 것보다 더 연한 커피가 된다.

추출할 때 균일하게 물을 붓기란 참 어렵다. 분쇄된 원두에 물을 붓는 양에 따라 많이 적셔지는 부분과 그렇지 못한 부분이 자꾸 생긴다. 그래서 의도하지 않은 채널링이 발생해 물길이 한쪽으로 치우쳐 흐른다. 어느 부분은 물이 줄줄 나오고, 또 다른 부분은 물길이 막혀서 커피가 안 나오고. 한 곳에만 물을 너무 많이 붓거나, 너무 가장자리에 치우쳐 물을 붓는 등 물줄기가 일정하지 못한 이유는 다양하다.

오늘도 커피와 싸우고 있는 나에게 사장님은 또 한마디하신다. 채널링을 이겨 내고 좋은 흐름을 만드는 일은 커피를 하는 바리스타에게 평생 따라다니는 숙제 같은 일이라고. 평소와 다르게 꽤 진지하시다. 사장님은 그 싸움에서 승리하셨을까?

추출을 잘하기 위한 조건

필터 커피를 잘 추출하려면 에스프레소보다 손에 익숙해져야 하는 과정이 더 많이 필요하다. 커피는 수많은 변수들의 복잡한 상호 작용이라지만 브루잉은 기계가 아닌 사람이 물의 흐름마저 조절해야 하는 더욱 어려운 게임이라고 생각하면 좋겠다. 커피 추출에 대한 이해도가 있다면 조금 더 도움이 되겠지만, 일단 커피 가루와 물의 원활한 흐름을 만들어 내는 것에 집중해야 한다. 손에 익어 내가 원하는 방식의 흐름을 만들 수 있어야 변수 요인인 분쇄도, 추출 시간, 온도, 교반 등을 하나씩 적용해 볼 수 있다. 커피 향미란 결국 불안정한 화학 물질로 이뤄진 것이고, 사람은 실수를 하기 마련이어서 필터 커피가 제일 편차가 큰 커피라는 점을 인정해야 한다.

브루잉도 커피를 내리는 추출 원리는 에스프레소와 동일하다. 추출 레시피 Ratio(물 분배에 따른 제조 비율) + 분쇄도 + 시간 + 온도 = 커피. 브루잉이 에스프레소보다 변수를 통제하기 어렵긴 하지만, 반대로 변수를 바꾸기 쉽기 때문에 추출에 대한 기본 원리를 배우기엔 더 좋다. 그만큼 사람이 얼마나 균일하게 내릴 수 있느냐가 중요한 포인트다. 에스프레소를 추출할 때 단순하지만 정밀하게, 또 일정하게 내려야 한다고 바리스타들에게 이야기하는 이유도 필터 커피를 내릴 때 느꼈던 내 경험에서 비롯된 것이리라.

브루잉을 할 때는 에스프레소와 다르게 커피 가루와 물이 만나는 지점을 눈으로 확인할 수 있어서 커피 가루와 물이 어떻게 섞이는지, 또 물빠짐은 어떤지, 커피 가루가 뭉쳐서 추출이 원활히 이뤄지지 않는 부분이 있는지 등을 바로 파악할 수 있다. 처음 커피를 내릴 땐 정해진 시간에, 정확한 물의 양을 골고루 붓는 기본 동작을 소화하기도 버겁다. 하지만 커피를 많이 내리다 보면 동작은 어느새 익숙해지고, 여유가 생기면 보이지 않던 것들이 눈에 들어오기 시작한다. 커피 가루와 물이 만나 섞여 있는 상태를 커피 베드 Coffee bed 라고 부르는데, 이 커피 베드의 상태를 잘 관찰하면 내가 내리는 커피가 의도한 대로 잘 나오고 있는지 알 수 있다. 커피 베드의 상태를 보고 주전자 높이와 물줄기의 위치, 유량 등을 조절해 실수를 보정하고 채널링을 피한다면 균일하게 추출할 수 있다.

필터 커피는 에스프레소 메뉴보다 주문이 적게 들어오는 편이고, 다양한 커피를 준비해야 하기 때문에 매번 분쇄도를 세세하게 조정하기는 어렵다. 커피는 분쇄 입자 크기에 따라 맛이 다르게 표현되는데, 분쇄가 가늘다면 다소 빠르게, 굵다면 천천히 내려 원하는 커피 맛을 만들어야 한다. 눈으로 보고 분쇄도를 정확하게 맞추기는 어렵다. 하지만 경험이 많은 바리스타라면 물과 커피 가루가 만나 퍼져가는 상태를 보고 지금 분쇄도가 굵은지, 가는지 파악할 수 있을 테고, 그에 맞춰 레시피를 조절해 원하는 맛을 이끌어 낼 수 있을 것이다. 브루잉에서는 사람의 손이 제일 큰 변수라지만, 커피의 상태에 따라 즉각적으로 대응하고 바리스타의 감각을 최대한 활용할 수 있다는 점이 매력이라면 매력이다. 실수로 인해 결점이 생길 수 있지만 지극히 인간적인 방식이다. 물과 커피 가루를 최적의 비율로, 효율적으로 잘 섞어야 한다는 이성적인 말로 추출을 진행하는데, 제일 감각적인 추출 방식이어서 매력적이다. 브루잉 커피가 인생을 닮아서일까, 우리가 살아가는 것처럼 커피를 내리는 사람은 어려움에 빠지기 쉽다. 그럼에도 우리는 앞으로 나아가야 한다. 우리의 인생이 그런 것처럼.

 **브루잉 연습 일지**

　오늘의 목표. 일단 추출은 모르겠고 EK43 그라인더로 분쇄도 6.5일 때 농도 TDS 1.35에 도달하기. 조심스럽게 집중해서 커피를 내려 본다. 하지만 실패. 사장님은 커피를 내릴 때 특히 추출 초반부에 신경을 써야 한다고 하셨다. 보통 커피가 맛이 없다면 추출 앞부분에서 문제가 생긴 거라 그 이후에 신경 써도 다시 맛있게 만드는 것은 거의 불가능하다고 한다. 그렇다면 적시는 과정이 문제일까? 처음 커피 가루에 물을 부을 때 어떻게 하면 필터 부분에 닿지 않고 골고루 빵 모양으로 커피 가루를 예쁘게 적실 수 있을까? 물을 가장자리에 많이 부어 필터를 타고 물이 내려와 연하게 되는 것일까?

　사장님은 물과 커피 가루가 잘 섞이는 게 중요하니 다소 과감하게 물을 부어도 좋다고 하는데, 과감하게는 어느 정도가 과감한 건지 감이 오지 않는다. 가끔 사장님이 '지금이야, 지금'이라고 말씀해 주시지만 내가 얼만큼의 힘으로 얼마나 부었는지 도무지 기억이 나지 않는다. 과감하게 붓다가 커피가 맛이 없어질까봐 아무래도 섬세하게 신경 써서 조심스럽게 붓다 보면 물줄기가 가늘어지다 못해 원두에 떨어질 때 도도독 튀기

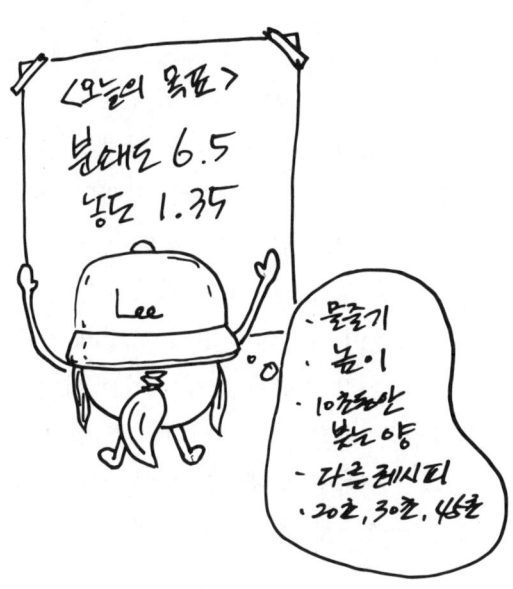

도 한다. 커피가 연한 건 그런 이유 때문인 건가? 사장님은 보통 질문 속에 답이 있다고 하시고, 궁금한 점이 많은 걸 보면 나중에 커피를 잘하게 될 거라는데 나는 여전히 이해가 되질 않는다. 미래의 나는 모르겠고 지금의 나는 당장 답이 필요하다. 궁금해서 물어보면 스스로 답을 알고 있다고만 하시니 답답할 노릇이다. 유량과 유속이 적당해야 한다고, 쉽게 말해 물줄기 굵기와 높이를 잘 조합해 보라는 힌트 아닌 힌트를 남기고 사장님은 또 전쟁 같은 커피 바를 벗어나 매장 앞 박스에 앉아 여유롭게 햇볕을 쬔다. 정답을 알려주지 않으니 일단 스스로 해 보는 수밖에.

    이번엔 시원한 아이스 커피를 브루잉으로 내렸다. 나는 한 겨울에도 얼음컵에 물을 담아 마실 만큼 차가운 음료를 즐기는 사람인데, 아이스 커피는 아메리카노보다 브루잉으로 내린 커피가 좀 더 깔끔하고 청량해서 내 취향에 더 잘 맞는다. 메쉬커피의 레시피대로 종이 필터를 접어 드리퍼에 올리고 그 위에 물을 부어 필터를 적신 다음 분쇄된 원두 14g을 준비한다. 드립 서버로 사용하는 스팀피처 Steam pitcher에 얼음을 가득 담아 커피 내릴 준비를 끝낸다. 본격적으로 커피 가루를 드리퍼에 담고, 93℃의 물을 적시기 과정에서 40g, 1차 추출에서 50g, 2차 추출에서는 50g을 부어 주는데, 단계마다 20초 정도의 간격을 두고 붓는다. 커피 가루에 물을 부을 때는 따뜻한 커피로 내릴 때보다 좀 더 가는 물줄기로 느긋하게 붓고, 작은 원을 그리며 골고루 붓는다.

    사장님 조언에 따라 저울과 타이머를 사용해서 물을 부을 때의 유량을 확인하고 기억해 두었다. 10초 동안 얼만큼의 물을 부었는지, 또 얼마나 일정했는지 확인하며 계속 연습한다. 필터 커피를 내릴 때 알아둬야 할 조절 포인트 하나 습득 완료.

    좀 더 농밀하게 추출하면 어떤 느낌이 날까 싶어 다른 레시피로 내려 보기로 했다. 물의 양을 줄여 보기. 앞서 언급한 과정이나 조건은 동일하지만, 오로지 물만 적시기 과정에서 40g, 1차 추출에서 45g, 2차 추출에서는 55g으로 미세하게 조정해 봐야겠다.

    여기서 주의할 사항. 따뜻한 커피를 내릴 때와 차가운 커피를 내릴 때는 분명한 차이점이 있다. 따뜻한 커피를 내릴 때는 많은 양의 물로 내리기 때문에 커피 가루가 골고루 적셔지고 흐름도 원활해 채널링이 발생할 확률이 줄어든다. 반면 차가운 커피의 경우에는 따뜻한 커피를 내릴 때보다 적은 양의 물을 사용해서 커피 가루를 골고루 적시기가 어렵다. 가운데로 물을 붓다가 가장자리까지 옮기기에 물이 부족하다는 느낌을 받아 급한 마음에 가운데 부분이 충분히 젖지 않은 채로 분쇄 원두 층이 얇은 가장자리로 넘어가 연한 커피가 되곤 한다. 가장자리 부분을 적셔 주는 것도 중요하지만 분쇄 원두 층이 두꺼운 가운데 부분을 충분히 적셨는지를 먼저 고민해야 한다. 그런 면에서 가운데로만 물을 붓는 센터 푸어 Center pour 방식은 꽤 안정적인 방법이긴 하다.

커피 가루에 물을 부을 때, 굵은 물줄기로 채워 준다는 느낌으로 천천히 돌려 줄 때와 가는 물줄기로 빠르고 많이 돌려 줄 때를 비교해 실험해 보기도 했는데 생각보다 맛의 차이가 컸다. 부드럽지만 많은 유량으로 추출한 커피는 조금 더 깨끗하고 부드러우면서 편안한 맛이 났고, 가는 물줄기로 빠르게 부어 추출한 커피는 조금 더 풍부하지만 어딘가 텁텁한 느낌이 났다. 둘 사이의 어느 지점을 나만의 감으로 찾아야 한다. 작은 변화에 맛이 이렇게 다채롭게 변하는 커피는 참 신기하기도, 그래서 까다롭고 어렵기도 하다.

브루잉에서 커피 가루와 물이 처음 만나는 순간인 적시기. 왜 사장님은 물을 붓고 딱 20초를 기다리라고 할까? 어떤 레시피는 30초라고 하기도 하고, 다른 레시피에서는 45초를 기다리라고도 하는데 말이다. 손님들이 한차례 빠져나가고 한가해진 커피 바에서 사장님께 왜 20초를 기다려야 하는지 질문했다. 물론 정답을 이야기해 줄 거라는 기대는 없었다. 역시나 돌아오는 대답은 이랬다.

"그럼 30초로도 내려 보고, 45초로도 내려 볼까? 단, 다른 변수들은 기존 레시피를 지켜서 말이야."

다른 사람의 말을 그대로 믿어도 좋지만 스스로 경험해 보고 답을 찾아가는 과정이 커피를 잘할 수 있는 길이라고 한다. 목적지로 가는 수많은 길이 있어서 내가 도착하고 싶은 목표에 도달하는 방법도 여러 가지라고 한다. 조언을 얻어서 갈 수도 있지만 스스로 길을 찾아 나가는 재미도 즐겨야 한다고. 빠르든 느리든 결국 도착하면 되는 일이란다. 결정적으로 자신이 만든 레시피가 나에겐 틀릴 수도 있으니 꼭 검증을 해 보라고 이야기하며 벌써 종이 필터를 접고 원두를 계량해 내가 커피를 내리지 않으면 물러설 곳이 없도록 준비를 하고 계셨다.

커피 가루를 물에 적시고 기다리는 시간에 따라 맛은 확실히 다르다. 지금 내린 커피의 경우에는 평소보다 조금 짧게 기다려 물 빠짐이 덜 된 것 같은 상태에서 다시 물을 부었더니 산뜻하고 한결 부드러워 마시기에 편한 느낌이 났다. 다만 맛이 다소 연하고 산미가 날카로워지는 느낌? 반대로 기다리는 시간을 길게 늘리니 좀 더 짙은 맛과 무거운 느낌, 풍부함이 생겼지만 어딘가 뭉툭하고 지루한 느낌이 든다.

커피 바에서 사장님은 커피 베드의 상태에 따라 다른 레시피를 사용해 본인의 느낌대로 커피를 내리니 그대로 따라하지 말라고 하시는데, 그 이유가 이런 것일까? 어떻게 하면 그 느낌을 나도 알 수 있을까? 스스로 설명하지 못하면 잘 아는 게 아니라는데, 사장님이 농담처럼 하는 '나는 커피를 잘 모른다'는 말. 설명하기는 힘들지만 정말일까 의구심이 든다. 단순히 많이 내려 본다고 해서 되는 일은 아닌 것 같다. 그래서일까 왠지 지그시 바라보고 느낌대로 내린 커피는 참 맛있다.

메쉬커피가 제안하는 브루잉 팁

경언 씨가 자신이 내린 커피를 들고 조금은 불안한 표정으로 커피 맛을 봐줄 수 있는지 묻는다. 커피가 맛이 좀 부족하겠구나. 이미 표정만 봐도 알 수 있다. 어렸을 때 엄마, 아빠한테 거짓말하면 꼭 들통이 났다. 그럴 때면 얼굴에 다 써 있다고 하셨는데, 아마 나도 경언 씨 같은 표정이었겠지? 커피 맛을 봤을 때 커피 성분이 덜 녹았는지 활력을 주는 산미도 자연스러운 단맛도 약했다. 필터 커피의 매력은 여리고 섬세한 맛에 있지만 향미가 부족하면 오히려 쓴맛만 도드라질 수 있다. 꽤 많은 바리스타들이 커피에서 쓴맛이 느껴지면 커피 성분이 너무 많이 녹은 과다 추출 탓이라고 생각한다. 하지만 한 가지 이유로 단정 짓기보다는 커피 성분이 많이 녹아 향미가 불균형해 강하고 쓴맛이 날 때와 구별할 필요가 있다. 채널링이 발생하거나 원두가 다소 굵게 분쇄되어 커피 성분이 전반적으로 충분히 녹지 않은 상태로 추출되면 물처럼 연하고 쓴맛이 도드라진 커피가 된다. 추출이 균일하지 않으면 마치 커피를 덜 넣고 물을 많이 부은 것과 비슷한 맛이 표현될 수 있다. 이런 경우는 보통 채널링 때문이다. 적시기 단계에서 커피 가루와 물이 골고루 섞일 수 있도록 신경을 쓰면 좋다. 만약 이때 물줄기만으로 충분히 적셔지지 않았다고 판단되면, 작은 티스푼으로 잘 저어 추출 성분을 좀 더 녹여낼 수 있는 상태를 만들어 밋밋한 맛을 풍부하게 만들어야 한다.

연한데 쓴맛이 도드라진다면 어떻게 해야 할까? 물줄기를 너무 한쪽으로, 특히 가운데 집중시키지 말고 조금만 더 교반시켜야 할까 고민하는 경언 씨에게 고민하지 말고 일단 해 보라고 했다. 메쉬커피에서 사용하는 공식 레시피가 있긴 하지만, 맛있는 맛을 만들어 내려면 본인만의 방식을 꾸준히 실험해 봐야 하기 때문이다. 여기에 덧붙여 다른 방식으로 내린 커피 두 잔을 두고 손님들이 마시는 것처럼 천천히 시간을 두고 맛을 보며 비교해 보라고 권했다. 새롭게 시도한 방식의 커피가 더 맛있게 느껴졌다면, 그 차이가 뭘지 고민해 보고 다음날에도, 또 그 다음날에도 다양한 커피로 실험해 보고 같은 차이가 난다면 레시피를 수정해도 좋다고 이야기해 주었다. 다른 방식으로 다양하게 내려 보며 더 어려운 세계로 모험을 해 보자.

밀크 스티밍

우유를 얼마나 써야
밀크 스티밍을 잘할 수 있나요?

메쉬커피의 흰 커피. 사장님은 에스프레소에 우유를 사용하는 밀크 베리에이션 음료를 흰 커피라고 부른다. 호주에서 화이트 메뉴라고 부르는 것에서 영감을 받아 우리식으로 재밌게 표현한 것인데, 사람들이 재밌어해서 그대로 굳어졌다고 한다.

메뉴를 흰 커피라고 부르는 것처럼, 제조 비율도 다른 카페와는 좀 다르다. 과하게 커피 맛이 도드라지지 않으면서 고소하고, 부드럽고, 달콤한 맛이 중요하다. 평소 커피를 진하게 드시는 손님들 가운데 마시기에 편하지만 커피 맛이 좀 약하다고 느끼는 분들은 간혹 에스프레소 샷을 추가해달라고 요청하기도 한다. 사실 누가 봐도 사장님은 커피에 열광적인데다 진한 에스프레소를 특히나 좋아하는 사람이니 커피 맛을 주인공으로 한 흰 커피 레시피를 잡을 것 같지만, 메쉬커피의 흰 커피는 편안함과 자연스러움을 바탕으로 한다. 커피 마니아들이 좀 더 진하게 해달라는 얘기를 아무리 해도 사장님은 자신의 주장을 꺾을 생각이 없어 보인다. 그게 메쉬커피니까 그렇다나? 유명한 카페의 유명한 바리스타들이 잘 만든 흰 커피들은 우리 것과 같이 부드럽지만 커피의 존재감이 은은하게 드러난다고 한다. 호주식 플랫화이트에서 드러나는 커피와 우유의 제조 비율이 아닌, 맛을 바탕으로 레시피를 구성하기 위해서 호주 멜버른으로 작은 사장님에게 출장을 다녀오라고 했다니 믿어야 할 것 같다.

　　사장님의 비밀에 따르면 에스프레소와 우유는 각각 장점이 있고 저마다 맛을 완성하기 위한 역할이 있는데, 우유의 단맛과 질감을 최대한 살리면서 커피와 섞였을 때의 조화를 고려해야 한단다. 우유가 주인공인 카페라떼, 커피가 주인공인 코르타도, 둘 사이가 적정한 카푸치노 Cappuccino 처럼 비율에 따라 커피의 존재감이 드러나는 방식이 다르다고 한다. 특히나 카푸치노는 두 가지가 적절하게 섞였을 때, 커피도 우유도 누구 하나 지배적이지 않은 완벽한 균형을 이루는 새로운 맛이 표현되는 시너지 현상이 나타난다고 한다. 커피 향이 진하고 초콜릿 같은 카푸치노가 좋다고 생각할 수 있지만, 커피에도 우유에도 없는 치즈케이크 혹은 요거트 같은 향미가 났을 때가 오히려 잘못된 게 아닌 긍정적이고 괜찮은 카푸치노다. 우유의 상태는 계절에 따라 묽을 때도 진할 때도 있기 때문에 스팀의 질감이나 에스프레소 추출과 우유의 비율을 거기에 맞춰 미세하게 조절해야 한다고 강조한다. 이런 걸 보면 사장님은 참 흰 커피를 좋아하는구나 싶다. 그래서 밀크 스티밍에 대한 기준이 높은가?

사장님에게 밀크 스티밍 잘하는 방법을 알려달라고 다시 부탁했다. 분명히 책 〈오예! 스페셜티 커피!〉에 다 써 놓았으니 적힌 대로 해 보고 물어보라고 얘기할 테지만 말이다. 잔소리를 듣기 전에 카페에 놓인 책을 펼쳐 밀크 스티밍하는 법을 찾아본다.

● 밀크 스티밍하는 법
1) 저울에 스팀피처를 올리고 영점을 맞춘 후, 레시피의 양에 맞는 우유를 스팀피처에 붓는다.
2) 에스프레소 머신의 스팀노즐Steam nozzle을 열어 스팀을 빼고, 스팀완드Steam wand를 깨끗한 행주로 닦는다.
3) 우유가 담긴 스팀피처에 스팀완드를 담그고 스팀노즐을 열어 데운다.
4) 스팀피처가 미지근하게 느껴지기 전에 원하는 거품 양만큼 공기를 넣는다.
5) 스팀피처가 체온에 가깝게 데워진 이후에는 교반에 집중한다.
6) 취향에 따라 우유의 온도가 55~65℃에 도달하면 멈춘다.
7) 우유의 표면은 빛이 나야 하고, 큰 거품 없이 고운 거품이 우유에 골고

루 퍼져있어야 한다.

8) 스팀피처를 내려놓고 스팀완드를 깨끗한 행주로 꼼꼼하게 닦아 준다.

카페라떼를 잘 만들려면 우선 우유거품을 곱게 만들어야 한다. 그러려면 배운 대로 우선 에스프레소 머신에 달린 스팀완드의 위치를 적정한 위치에 고정시켜야 한다. 아직 익숙하지 않아서 스티밍을 할 때마다 스팀완드의 위치가 바뀐다. 그래서인지 어느 때는 잘 되고, 어느 때는 그렇지 못하다. 바른 습관을 들이기란 참 어렵다. 사장님은 편하고 안정적인 위치를 스스로 찾아야 한다고 했다. 무심하지만 빠르고 간결하게, 아무렇게나 해도 잘 되어가는 것 같은데 막상 보고 있어도 잘 모르겠고 순식간에 과정이 지나가 버린다. 나만의 포인트와 감각을 찾기 어렵다. 나는 언제쯤 알 수 있을까 막막하다.

부드럽고 고운 우유거품을 만들기 위해서 공기를 부드럽게 충분히 주입해야 한다. 너무 과하지도, 적지도 않은 공기 주입. 거기에 더해 위에서 말한 안정적인 스팀완드의 위치와 나만의 박자감을 찾아야 하는데, 이 모든 일을 한 번에 하려니 쉽지 않다. 더군다나 우유를 회전시키는 롤링 과정에서 스팀완드가 스팀피처의 벽면에 너무 붙지 않도록 스팀피처의 각도와 스팀완드의 위치를 잡아줘야 한다는데…. 이 모든 게 무슨 말이란 말인가? 몇 번의 실패 후, 우유 대신 차가운 물을 스팀피처에 채워 내가 원하는 위치와 느낌을 찾아본다. 버려지는 우유가 아까우니까. 물과 우유는 분명 다르지만, 일단 안정적으로 공기가 들어가는 소리를 만들 때까지 연습해 본다. 동료 바리스타들의 농담처럼, 나는 소를 몇 마리나 잡아야 잘할 수 있을까?

메쉬커피 스티밍 룰

당연한 얘기지만 손님들이 궁금해하는 커피에 대한 정보들을 처음 일을 시작한 바리스타도 똑같이 궁금해한다. 메뉴를 만들기 시작한 지 얼마 되지 않아 이제 막 손님에서 바리스타로 넘어가는 시기라 그렇다. 커피를 오랫동안 하다 보면 손님으로서의 자아는 지워지고 커피를 파는 판매원, 커피를 만드는 기술자의 위치에서 커피를 바라보게 된다. 나는 손님의 마음을 이해하고 싶은 마음에 갓 입사한 친구들의 궁금증에 귀를 많이 기울이는 편이다. 우리에게 당연한 일들이 그들에겐 낯선 일이기 때문이다. 책 〈커피가 커피지 뭐〉의 한 장면처럼 종이 필터를 접는 단순하고 쉬운 일도 처음 커피를 내리는 사람에겐 도무지 알 수 없는 어려운 일이 된다. 경언 씨도 이런 사소한 것까지 물어봐야 하나 오랜 고민 끝에 묻곤 한다.

"카페라떼와 카푸치노의 차이가 뭐예요?"

카페라떼는 아메리카노와 함께 카페 매출의 중요한 축을 담당하는 메뉴다. 마치 중국집의 짜장면,

짬뽕 같은 메뉴. 메뉴판을 보지 않아도 주문할 수 있는, 카페라면 당연히 있어야 한다고 생각하는 메뉴다. 카푸치노는 커피 맛을 조금 더 느끼고 싶을 때, 카페라떼는 부담 없이 혹은 든든하게 즐기고 싶을 때 좋다. 커피를 즐기지 않는 사람들도 카페라떼에 대해서는 거부감이 적다. 그래서 메쉬커피에서도 카페라떼에 가장 많은 신경을 쓴다. 커피를 처음 마시는 사람들이 커피의 매력에 빠지게 만들기 위해서는 이보다 좋은 메뉴가 없다. 카푸치노와 카페라떼 모두 거품을 내면서 따뜻하게 데운 우유를 에스프레소에 부어 만드는데, 과정은 단순해 보이지만 맛있게 만들기가 생각보다 정말 어렵다. 에스프레소와 우유, 우유거품의 비율이 적절한 조화를 이루어야 한다. 그럼 어떻게 구별하느냐. 이전에는 카푸치노와 카페라떼를 나누는 기준을 거품 위에 뿌려진 시나몬 가루, 혹은 초콜릿 가루라든가 컵의 크기, 우유거품의 두께로 보기도 했지만, 보다 확실하게 구별하려면 에스프레소와 우유의 비율을 봐야 한다.

    확실히 카페라떼가 우유의 비율이 더 높다. 우유의 양이 많다 보니 자연스럽게 컵 사이즈도 약간 더 크다. 메쉬커피에서는 카푸치노와 카페라떼를 정확하게 구별하기 위해 우유의 양을 정해 두었다. 카푸치노는 150g, 카페라떼는 200g.

우유거품의 질감도 맛을 완성하는 데 큰 영향을 미친다. 이를 확인하기 위해 바리스타들은 간단한 테스트를 진행한다. 작은 스푼으로 카푸치노 표면의 우유거품을 살짝 밀어보는 것인데, 이때 우유거품이 부드럽게 밀리면서 입자가 큰 거품이 눈에 띄지 않고, 아래층의 커피가 바로 보이지 않으면 우선 외형적으로는 합격이다.

밀크 스티밍을 할 때는 '마이크로 폼Micro foam'이라고 부르는 촉감이 고운 우유거품을 만든다. 이때 부드러운 우유거품의 촉감을 살리면서 마시기 딱 좋은 온도인 55~65℃를 기준으로 우유를 데우는데, 공기를 우유 전체에 골고루 섞어 준다는 느낌으로 만들어야 한다. 고르게 섞이면 우유거품과 우유가 경계 없이 하나인 것처럼 연속적이고 폼이 퍽퍽하고 단단하기보다는 크림에 가깝게 부드럽게 찰랑거린다. 스티밍이 잘 되면 우유의 표면이 밝게 빛나 벨벳처럼 보이기도 한다. 이렇게 스티밍한 우유는 에스프레소의 갈색 크레마와 하얀 우유가 자연스럽게 섞이면서 모양을 내는 라떼아트를 할 수 있다.

예전에는 밀크 스티밍을 할 때 75℃에 맞춰서 우유를 데웠다. 이 온도에서 우유의 단백질이 잘 응고되어 우유거품의 형태가 안정적으로 유지된다. 이렇게 완성된 우유거품은 구조가 탄탄하여 잔 위로 볼록하게 올라와도 넘치지 않고 따뜻한 커피가 식는 것을 막아준다. 대신 우유와 우유거품 층은 확연히 분리된다. 이러한 카푸치노를 드라이 카푸치노Dry cappuccino라고 부르며, 일반적으로 우리가 카푸치노 하면 흔히 떠올리는 커피다. 특히 드라이 카푸치노를 제조할 때는 지방 함량이 비교적 적은 우유를 사용하면 좋다. 우유의 지방 성분은 고소한 향과 부드러운 촉감을 느끼게 하지만, 우유거품이 단단하게 안정화되는 것을 방해하기 때문이다.

폼의 형태와 두께에 따라 음료를 마실 때의 경험도 달라진다. 보통 밀크 스티밍을 하면 원래의 우유 양보다 15~25% 정도 부피가 더 늘어나는데, 밀크 스티밍을 마친 우유를 붓는 기술인 푸어링Pouring 방법에 따라 잔에 담기는 우유거품의 두께도 달라지기 마련이다. 라떼아트를 예쁘게 잘하고 싶은 마음이 앞서면 우유거품의 두께를 간과하기 쉽다. 보기 좋은 떡이 먹기도 좋다지만, 결국 커피는 마시는 음료. 내가 원하는 우유거품의 양을 정확하게 조절해서 완벽한 음료를 만드는 기본기가 더 중요하다.

스팀피처에 우유를 담을 때 꼭 저울을 사용해 정확히 계량하는데, 우유의 양이 단 몇 그램만 차이나도 맛이 미묘하게 달라지기 때문이다. 게다가 정확히 계량하고 밀크 스티밍을 하면 내가 낸 거품의 양을 정확하게 파악하기 쉽고 스팀피처에 남아있는 우유거품의 잔량으로 잔에 담긴 폼의 두께감도 유추할 수 있다.

밀크 스티밍을 할 때 중요한 사항이 하나 더 있다. 커피를 내리는 곳은 온통 화상을 입기 쉬운 공간이지만, 특히 밀크 스티밍을 할 때 더 조심해야 한다. 65℃ 정도의 온도로 우유를 데우지만 스팀의 온도는 상당히 뜨겁고 화상을 입었을 때 더 치명적이다. 스팀완드 역시 상당히 뜨거워 꼭 행주로 잡아 각도를 조절해야 한다. 하이엔드 머신들은 쿨 스팀완드 기능이 있어 스팀을 작동시켜도 스팀완드를 만졌을 때 데이지 않긴 한다. 그래도 조심.

밀크 스티밍을 하다 보면 생기는 또 다른 위험. 우유거품을 너무 많이 냈거나 우유가 회전하는 속도가 조절할 수 없을 정도로 빨라 우유가 넘치는 경우다. 나의 경우에는 실수로 우유거품이 넘치더라도 당황하지 않고 스티밍을 마무리할 수 있는 여유가 있지만, 보통의 바리스타들은 놀라기 쉽다. 제일 빠르고 확실한 방법은 스티밍을 멈추면 된다. 패닉 상태에 빠진 바리스타는 보통 그 생각을 못하고 어쩔 줄 몰라 스팀을 끄지 않고 팔을 내려 스팀피처를 스팀완드에서 빼게 되는데 그 결과는 참혹해진다. 뜨겁게 데워진 우유가 스팀의 압력을 이기지 못하고 폭발해 사방으로 튄다. 말 그대로 대혼란의 환장 파티다. 초보 바리스타일 때 이런 실수를 하면 밀크 스티밍은 트라우마로 남아 공포가 된다. 밀크 스티밍을 가르칠 때 안전 교육을 꼭 하는 이유다. 스팀이 너무 과할 때는 먼저 스팀완드를 깊게 담그고, 스팀을 끄면 안전하게 위기를 모면할 수 있다.

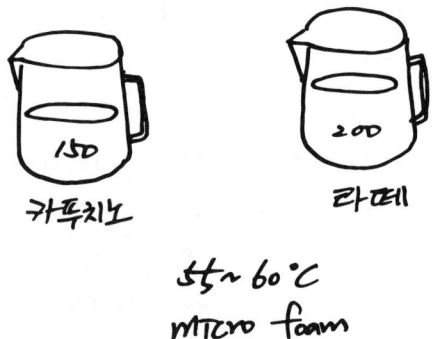

스팀피처에 우유를 담을 때 꼭 저울을 사용해 정확히 계량하는데, 우유의 양이 단 몇 그램만 차이나도 맛이 미묘하게 달라지기 때문이다. 게다가 정확히 계량하고 밀크 스티밍을 하면 내가 낸 거품의 양을 정확하게 파악하기 쉽고 스팀피처에 남아있는 우유거품의 잔량으로 잔에 담긴 폼의 두께감도 유추할 수 있다.

 **밀크 스티밍 연습 일지**

카푸치노 주문이 들어오고 스팀피처에 우유를 담아 계량한다. 그라인더를 작동시켜 포터필터에 커피 가루를 담고 추출을 시작. 이제 가슴 떨리는 밀크 스티밍이 남았다. 완벽한 스티밍을 위해 마음속으로 잘 되었던 지난번 과정을 떠올린다. 먼저 스팀을 켜기 전 스티밍하기에 편한 스팀완드의 각도와 위치를 찾아 자세를 잡는다. 스팀완드의 팁을 우유 속에 너무 깊지도, 얕지도 않은 딱 적절한 지점에 넣고 충분한 공기를 주입해 준다. 스팀을 켠 후 손은 빠르게 스팀피처를 받쳐 줘야 한다. 무엇보다 자세가 흔들리지 않고 안정적인 스티밍을 하는 것이 중요한데, 성공했다! 우유와 우유거품이 회전되면서 섞이는 과정을 잘 조절하다가 적당한 온도가 되면 멈춘다. 계획대로만 된다면 완벽한 질감을 얻을 수 있다. 매번 이해한 대로 나오지는 않지만 이번 스티밍은 잘 된 기분이다.

마침 사장님이 카푸치노를 만들고 있는 나를 지켜보더니 밀크 스티밍이 좀 늘었다고 하면서 한 가지 중요한 팁을 알려주셨다. 스팀피처의 위치와 내 손의 위치도 중요하지만 우유가 어떻게 움직이는지 흐름을 보아야 하고, 내가 원하는 대로 그 흐름과 볼륨을 조절할 수 있어야 한다고 했다. 그러려면 우유와 주입된 거품을 고르게 섞는 롤링Rolling 시 너무 과하게 빠른 속도로 회전시킬 필요가 없고 위아래로 안정적으로 골고루 섞이도록 내가 조절할 수 있는 만큼의 속도로 회전시킬 필요가 있다고 말씀하셨다. 일반적으로 알려진 것처럼 스티밍 초반에 공기를 많이 넣고 큰 우유거품을 깨기 위해 우유의 움직임을 빠르게 만들면, 오히려 바닥을 치고 올라온 스팀 때문에 우유가 공기를 다시 끌고 들어가 원하는 우유거품의 양보다 더 두꺼워지고 공기가 골고루 분포되지 않아 가벼운 공기는 위로, 무거운 우유는 아래로 분리될 수 있단다. 우유의 움직임이 다소 빠르다면 스팀피처를 약간 기울여 깊은 곳을 만들어 주면 된다. 특히 우유 양이 적은 카푸치노를 위한 밀크 스티밍은 스팀피처의 바닥면과 우유 표면이 사이가 얕아 빠르게 온도가 상승하기 때문에 더욱 주의해야 한다.

    익숙해지고 있다고 방심한 순간 눈 깜짝할 사이에 우유의 움직임이 크고 빨라져 내 의도와 달리 우유거품이 너무 많고 거칠어진데다 우유와 거품 층이 분리가 되었다. 스팀피처를 너무 깊이, 혹은 너무 벽면에

붙여 스티밍을 진행했던 탓에 생긴 일이다. 이럴 땐 아깝지만 과감히 버리고 다시 시작해야 한다. 우유를 다시 계량해 담고 창피하고 속상한 마음을 큰 심호흡과 함께 차분히 가다듬는다. 말은 쉽지만 한 번 실수를 한 다음에는 긴장감이 더욱 커지기 마련이다. 아까의 실수를 만회하기 위해 스팀완드의 끝을 우유 표면에 최대한 가까이 뒀다. 자연스럽게 공기가 들어가고 그만큼 우유의 높이가 높아져 더 이상 공기가 들어가지 않는다. 적절한 속도로 회전하는 우유를 바라보니 마음이 느긋해지고 편안해진다.

자, 이제 잘 내린 에스프레소를 부어줄 차례. 푸어링할 때도 우유를 채찍 휘두르듯 휙휙 돌리는 게 아니라 천천히 부드럽게 돌린다. 빠를 땐 빠르게, 느긋할 땐 충분히 느긋해도 된다는 메쉬커피의 독특한 리듬감과 철학이 여기에도 반영되어 있다. 예쁜 하트를 그리기 위해 우유거품을 얹을 땐 푸어링할 때 생긴 회전이 멈추는 타이밍을 잘 확인해야 한다. 너무 느리지도 빠르지도 않은, 말로 설명하기 힘들지만 하트가 가라앉지 않고 몽실몽실 표면에 떠올라 그려지는 적당한 순간. 이런 게 손맛인가.

 ## 밀크 스티밍 Q&A

    카푸치노나 플랫화이트처럼 커피 맛이 진하고 우유 양이 적어 우유의 부드러움을 극대화해서 균형을 잡아야 하는 메뉴를 만들 때 주의해야 할 사항이 있다. 이런 음료에 두껍고 거친 우유거품은 어울리지 않는다. 부드럽고 고운 마이크로 폼을 만들기 위해 집중해야 한다. 마이크로 폼의 비밀은 에어레이션Airation이라고 부르는 공기를 균일하게 섞어 주는 작업에 있다. 겉보기에는 같아 보여도 우유에 공기가 골고루 섞인 상태와 공기가 분리되어 위에 떠 있는 상태는 마셔 보면 확연하게 맛이 다르다. 마티니Martini라는 칵테일을 만들 때도 이 원리가 활용된다. 마티니를 만드는 방식은 두 가지다. 재료를 셰이커에 붓고 공기를 골고루 섞어 알코올의 거친 느낌을 부드럽게 만드느냐, 믹싱볼에 부어 바 스푼으로 섞어 투명함과 선명함을 표현하느냐. 음료를 마셨을 때 마지막 한 모금까지 부드럽고 포근한 느낌을 주려면 공기를 잘 섞어 주는 에어레이션을 잘해야 한다.

    작은 스팀피처에 우유를 150g 정도로 적게 담아 스티밍할 때는 스팀의 압력에 비해 우유의 양이 적기 때문에, 표면 가까이에 스팀완드가 위치하면 공기가 너무 많이 주입되고 흐름이 빨라 원하는 폼의 두께보다 조금 더 두꺼워질 수 있어 주의해야 한다. 스팀이 강하면 우유의 흐름이 처음부터 격렬하다. 카페라떼보다 우유 양이 적은 메뉴를 만들 때는 거품을 더 적게 내도록 의식적으로 조절해야 한다.

    무엇보다 안정적인 스티밍을 하려면? 처음부터 공기를 주입하려 애쓰기보다 내가 원하는 속도와 우유의 흐름을 만든 뒤에 여유 있게 공기를 주입할 필요가 있다. 그리고 스팀피처 안의 우유에 깊이를 만들어 스팀이 강해져도 우유가 출렁이지 않을 충분한 공간을 마련해 주면 좋다. 초반에 스팀의 양을 서서히 올려 안정적인 흐름을 만들고 공기를 넣어 줘도 괜찮고. 우유의 양이 적은 카푸치노를 위한 스티밍을 할 때 우유거품을 너무 많이 내는 경우가 있는데, 그럴 때 에스프레소 머신에 달린 스팀노브 Steam knob 혹은 스팀레버 Steam lever 를 단번에 최대로 조작하기보다는 조금 천천히 내가 원하는 흐름으로 조절하면서 서서히 강도를 올려야 한다. 조작할 때 우유가 돌아가는 흐름을 확인하고 우유거품을 만들어도 늦지 않다. 우유는 차갑고 스티밍 초반에는 온도가 서서히 올라가기 때문에 더 이상 공기 주입을 하면 안 되는 구간에 도달하기까지 시간 여유가 있어 너무 급하게 생각하지 않아도 된다. 뭐, 결국 익숙해지면 해결되는 일이다.

푸어링의 차이로 커피의 쌉쌀한 맛을 표현할 수 있을까? 바리스타들이 에스프레소에 우유를 푸어링할 때 예쁜 디자인의 라떼아트를 만드는 것에 집중하거나 일정하게 만들기 위해 항상 똑같은 방법으로 하는 경우가 많은데, 푸어링 방식에 따라 음료의 맛에 변화를 줄 수 있다. 같은 에스프레소와 우유를 사용하더라도 푸어링 기술에 따라 어떻게 맛을 조절하고 표현할지는 바리스타가 선택할 수 있다. 쌉쌀하지만 향미가 풍부한 크레마를 살리면서 천천히 푸어링하면 커피의 맛이 조금 더 도드라진다. 반대로 에스프레소의 쓴맛이 강한 편이라면 크레마를 과감하게 깨트려 커피의 풍미와 우유의 달콤함 사이에서 적절한 균형을 찾으면 된다. 여러 번 자주 섞어 주면 쓴맛이 나는 에스프레소의 크레마를 우유가 부드럽게 감싸 쓴맛이 적어지고 마일드해진다. 추출 레시피, 머신의 세팅값, 로스팅 정도에 따라 바리스타가 스스로 판단해서 조절하면 좋다.

라떼아트를 잘하고 싶다면 좋은 선생님을 찾아보자. 인스타그램이나 유튜브에 올라오는 동영상을 많이 보는 것도 추천한다. 디자인의 패턴과 푸어링 타이밍을 눈에 익히고 머릿속에 담아 이미지 트레이닝을 하는 것만으로도 실력이 많이 는다. 나는 슬로제타Slosetta로 유명한 LA의 나이슬리 아벨 알라메다Nicely Abel Alameda라는 바리스타와 일본에서 활동하는 요시테루 요시다Yoshiteru Yoshida의 스타일을 좋아해 지금도 종종 찾아본다. 잘하는 사람들의 라떼아트 영상은 아름다워서 보고 있으면 당장 스팀피처에 우유를 채우고 라떼아트를 하고 싶은 유혹에 빠져든다. 물론 제일 좋은 방법은 자신이 좋아하는 바리스타에게 직접 찾아가 수업을 듣는 것이다. 비용이 들기는 하지만 빠르게 시간 낭비 없이 자신의 목표에 도달할 수 있다. 밀크 스티밍이라고 다른 커피 기술과 다르지 않다. 바리스타들마다 자신만의 적절한 자세가 있는데, 내 손에 익은 위치를 찾고 나면 밀크 스티밍도, 라떼아트도 잘 된다. 어떤 방법이라도 좋다. 내가 세운 목표에 도달하는 방법은 여러 가지. 자신만의 스타일을 찾아가는 길을 즐기자.

맛있는 커피

 **왜 제 커피만 맛이 없나요?**

내게 잊히지 않는 메쉬커피에 관한 첫 번째 기억은 달콤함이다. 처음 매장에 방문한 날 비가 와서 그랬을까? 매장이 따뜻해서였을까? 코끝에 스미는 커피 냄새가 너무 달콤해서였을까? 그날 마셨던 따뜻한 엘살바도르 필터 커피 한 잔은 잊을 수 없을 만큼 달콤했다. 그 강렬한 기억 때문인지 내가 내린 필터 커피는 늘 마음에 들지 않는다. 메쉬커피의 바에 어느 정도 적응했을 무렵부터 브루잉에 대한 집착 아닌 집착이 시작되었다. 매일 바를 벗어나지 못한 채 잘 마시지도 못하는 커피를 손이 덜덜 떨릴 때까지 마셨다. 그 모습이 미련해서였는지 어느 날 사장님이 내게 물었다.

"표정이 왜 그래? 경언 씨가 내린 커피 맛있다니까. 어느 부분이 만족스럽지 않고 어려워?"

쉽게 대답하지 못하는 날 두고 사장님은 말을 덧붙였다.

"뭘 어떻게 하고 싶은데?"

커피를 너무 많이 마셔서 그냥 생각이 멈춘 건지, 뭐라고 이야기하면 좋을지 명확한 답이 생각나지 않아 한참을 대답하지 못하고 머뭇거렸다.

"뭔가 부족한 것 같아서요. 조금 더 맛있으면 좋겠는데."

우물쭈물하며 슬그머니 커피를 내밀었는데 사장님의 표정이 밝지 못하다. 내가 내린 커피가 그렇게 맛이 없나?

"궁금한 게 있어. 지금 그렇게 서너 잔의 커피를 내려서 먹어 본다고 더 나아질까? 어떤 방향으로, 어떻게 바꿀지 설계하고 움직여야 하지 않을까? 그거 지금 너 몸만 망가지는 일이야."

사장님은 내가 내민 커피를 한 모금 마신 후 말을 이었다.

"농도랑 수율도 우리 레시피대로 잘 나오고 맛도 문제가 없는데, 뭐가 문제라고 느낀 걸까?"

분명 다그치는 말투도 아니고, 혼내려는 것도 아닌데 지금 이 순간, 이 자리가 불편하다. 가만히 생각했다. 그래, 난 뭘 어쩌고 싶었던 걸까?

"지금 커피보다 조금만 더 달콤했으면 좋겠어요. 진득하고 늑진한 단맛이 더 나왔으면 해서요. 그런데 여기서 더 분쇄도를 가늘게 하자니 써질 것 같고, 커피를 더 쓰자니 산미도 같이 강해져 균형감이 좋지 않을 것 같아 고민이에요."

떠듬떠듬 말하기 시작하니 조금씩 정리가 된다. 사장님이 하신 말들은 다 맞는 이야기다. 지금 당장 커피 한 잔을 더 내려 본다고 해결될 일이 아니다. 하지만 더 맛있는 커피를 만들고 싶은 욕망은 줄지 않는다. 그렇다고 내가 어떻게 하면 커피를 더 잘 내릴 수 있을지 생각하니 그건 또 잘 모르겠다. 멍하니 생각에 잠긴 날 보던 사장님은 대뜸 내게 물었다.

"우리 아메리카노랑 필터 커피의 차이를 얘기해 준 적 있잖아. 기억나?"
"아메리카노는 풍성하고 짙은 단맛이 장점이면, 필터 커피는 선명하고 깔끔한 것이 장점이죠?"

"그래, 맞아. 그런데 가끔 아메리카노를 필터 커피처럼 깨끗하고 선명하게, 필터 커피를 아메리카노처럼 풍성하고 달콤하게 만들겠다고 생각하는 경우가 있어. 우리가 만드는 커피마다 특성이 있는데, 내 욕심이 아닌 자연스러운 맛을 표현하면 좋지 않을까? 지금 할 수 있는 최선을 다하면서 말이야. 지금 내린 커피는 깨끗하고 부드러운 맛이 특징인 커피야. 단맛이 부족하다고 느낀 건 깨끗함을 물맛이 나서 워터리Watery하다고 인식해서 그런 것 같아. 하지만 필터 커피는 원래 깔끔하고 섬세하지만 다채로운 향이 특징인 걸. 커핑할 때부터 커피가 가진 특징을 잘 기억하고 그 특징에 맞게 밸런스를 조절해야 하지 않을까?"

많은 것을 놓치고 있었다. 내 기억 속의 단맛에만 집중해 그것과 유사한 단맛을 내기를 원했고 지금의 커피 성향과 어울리지 않게, 또 브루잉의 특징을 살리지 못한 커피를 내리려고 했다. 브루잉은 커피가 가진 여러 향미들을 섬세하고 은은하게, 하지만 선명하고 깔끔하게 표현해야 한다. 강한 압력을 사용하여 커피가 가진 약간의 오일감과 풍성하고 다양한 향미가 묻어나는 짙은 에스프레소를 베이스로 한 여타의 커피와는 분명히 다른 매력을 지녔다. 특히 메쉬커피의 아메리카노는 풍성하고 짙은 단맛을 지니지만, 특유의 새콤달콤함과 부드럽고 실키한 Silky 질감 덕분에 다른 매장의 필터커피와 비슷한 뉘앙스를 띈다. 그래서 메쉬커피의 필터커피는 섬세하지만 더욱 선명하고 명확한 플레이버와 깔끔함이 필요하다는 사실을 잊었다. 내 머릿속 완벽한 커피를 내리려는 욕심이 앞선 날이었다.

에스프레소, 언제쯤 제 마음대로 표현할 수 있을까요?

 퇴근 길 에피소드. 궁금한 건 늘 예상치 못한 순간에 떠오른다. 일하는 동안에 사장님이 궁금한 것을 물어보라고 하면 왜 떠오르지 않다가 이렇게 멍하니 앉아 있을 때 문득 생각날까? 대부분은 일하느라 물어보려다 까먹은 것들이다. 갑자기 든 생각들이 의외로 좋은 질문이 되고, 자연스레 좋은 답이 돌아온다.

 매장 식구들과 간단히 식사한 후 집으로 가는 길. 출퇴근이 일정한 회사원들의 퇴근 시간보다 조금 늦은 시간, 지하철에는 사람이 몇 없어 한적하다. 사장님과 집 방향이 같은 탓에 함께 탄 덜컹거리는 지하철 안, 괜히 휴대폰만 만지작거리다 떠오르는 궁금증에 입을 열었다.

"사장님, 저희 에스프레소 있잖아요."

 정확히 짚이지 않는 궁금함에 말꼬리를 흐리며 말을 이어갔다.

"예전에 사용하던 에스프레소 레시피와 지금 사용하는

에스프레소 레시피가 다르잖아요. 어떤 차이와 공통점이 있어요? 제대로 이해하지 못한 것 같아서요."

매장에서 사용하던 이전 레시피와 지금 레시피는 분명 큰 차이가 있다. 필터 바스켓의 사이즈부터 추출에 사용하는 커피 가루의 양, 추출량 등 사용하는 커피만 같을 뿐 거의 모든 것들이 바뀌었다. 레시피는 암기고, 변화는 눈과 입으로 확인 가능하기에 습득하는 것은 어렵지 않았지만 이게 왜 바뀌었는지를 묻는다면, 글쎄. 정확히 대답하지 못할 것이 뻔했다. 과연 나는 이 에스프레소로 무얼 표현하고 싶었을까? 질문을 두서없이 늘어놓았지만 결국 내가 궁금한 것은 '왜'라는 이유와 가고자 하는 방향성이었다.

"예전에는 커피에 대한 생각이 지금과 달랐고, 사람들에게 보여주고 싶은 모습이 달랐어. 사람들이 생각하는 에스프레소를 조금 다르게, 나만의 방식으로 표현하고 싶었지. 강렬하고 진한 에스프레소도 좋지만 조금은 편안하고 부드러운 에스프레소를 소개하고 싶었거든. 보통 다른 카페에서 경험할 수 있는 강한 향미보다 마시기 편하고, 산미와 단맛의 부드러운 밸런스에 조금 더 집중되어 있었어. 그 가운데서 느껴지는 포인

트 향미 한두 개만 탁, 미니멀했지. 사람이 다듬어서 보여주는 맛보다는 재료 본연의 뉘앙스를 잘 표현하는 커피를 제공하고 싶었고. 뭐 이런 새로운 스타일도 있더라 하는 느낌?"

"그럼 지금은요?"

"요즘은 조금 더 에스프레소의 사전적 정의에 가까운, 에스프레소의 완성도가 높은 커피를 만들어 내려고 하지. 단맛을 중심으로 떼루아Terroir가 잘 표현되는 산미, 선명하고 풍성한 향미, 긴 여운과 밀크 초콜릿의 질감을 지닌 에스프레소지. 너무 한 가지만 오래했잖아. 지겹기도 하고, 우리 브루잉 스타일이 편안하고 자연스러운 커피의 맛을 잘 표현하니까 에스프레소는 반대의 느낌이어도 좋겠다는 생각을 했어."

기술적인 접근으로 압력이 어떻고, 유량이 어떻고, 유속이 어떻고 등 추출 프로파일링을 하면서 커피를 탐구하는 이야기들. 그저 신기한 때가 지나서인지 나에게는 더 이상 매력적이지 않았다. 어떤 맛을 더 끌어내고, 어떻게 표현할지, 원하는 대로 만들어 내는 것에 더 큰 관심이 가고 내 미래도 거기에 있지 않을까 생각했다. 기술과 도구도 매력적이지만 음식을 할 때 가스레인지로 불 조절을 하고, 간을 맞추는 것처럼 사용법을 익히고 익숙해지면 되는 일이다. 그보다 근본적인 질문. 왜 이런 방향으로 향하는지를 아는 것이 내게는 더 중요한 일이 되고 있다. 세상에 맛있는 커피는 많고, 그 커피로 향하는 길과 방법은 사장님 말처럼 아주 다양하다. 내가 가야 하는 목표, 정확한 방향성 없이 그저 맛있는 커피만 추구하게 된다면 수많은 길 사이에서 자칫 길을 잃기 십상이지 않을까? 그렇기 때문에 내가 지금 이 커피로 무엇을 표현하고자 하는지를 정확히 아는 것. 그것이 내가 바리스타를 하면서 내딛는 중요한 걸음이지 않을까?

메쉬커피에서는 언제나 자연스러운 맛을 추구한다. 재료가 가진 본연의 향미를 좀 더 잘 표현하려 노력하고. 사장님에게 들었던 말 가운데 가장 인상 깊었던 말이 있다.

> **"없는 것을 만들어 내는 것은 할 수 없어. 이 커피가 가지고 있는 수많은 맛을 놓고 우리는 그것을 편집해서 보여줄 수 있을 뿐이야. 무엇을 드러내고, 무엇을 숨길 것인가를 결정하는 거지."**

레시피는 변했지만, 방향성은 여전히 그대로다. 재료를 잘 이해하고 기억한 다음, 무엇을 표현하고 싶은가를 결정한다. 보여주고 싶은 것을 더 잘 드러내기 위해 지울 것을 지우고, 포기할 것은 포기하는 설계를 짜야 한다. 새롭게 만들기보다 잘 만들어진 것을 새로운 관점으로 다듬어 나만의 방식으로 보여준다.

  그때나 지금이나 커피는 맛있다. 부드럽고 편안한 향미를 지닌 커피는 어떻게 내려도 매력적이다. 멀지 않은 미래에 또 다시 메쉬커피의 에스프레소는 다른 방식으로 추출될 수 있다. 조금 더 활력이 넘칠 수도, 조금 더 달콤해질 수도, 조금 더 편안해질 수도, 조금 더 강렬해질 수도 있다. 하지만 재료의 특성을 바탕으로 자연스럽게 맛을 보여준다는 철학에는 변화가 없을 것 같다. 새로운 방식에 대해서 구성원들과 충분히 이야기하고 맛을 표현하는 것에 도전한다면 어떤 길이라도 어렵지 않을 자신이 생긴다. 커피잔에 담긴 다 똑같아 보이는 커피. 그런데 이 한 잔을 위해 세밀하게 조정해서 눈에 보이지 않은 것들을 사람들이 다르게 느낄 수 있도록 표현하는 일이 내 일이 아닐까?

Ans!wer   **모든 바리스타들의 평생 고민**

왜 내 커피는 맛이 없고, 남이 타 준 커피는 맛있기만 한 걸까? 이 말처럼 바리스타들이 공감하고, 고민에 빠지고, 의기소침해지는 말이 또 있을까?

"사장님도 그런가요? 언제부터 사장님은 자신의 커피가 맛있다고 생각하셨어요?"

경언 씨가 묻는다. 매장에서 나는 손님들한테 신뢰를 주기 위해서 내가 내린 커피가 세상에서 제일 맛있다고 당당하고 자신감 넘치게 이야기하지만, 정작 내가 내 커피에 자신감을 가지기 시작한 건 2017년 즈음이었다. 커피를 한 지 10년이 다 되어갈 때였다. 자신감이라고 표현하지만, 당시에는 이제 내가 무언가를 더 한다고 커피가 맛있어질 수는 없겠구나 싶었던 감정이어서 속상한 마음과 함께 경언 씨 같은 다음 세대의 바리스타들에게 그 역할을 넘겨야겠다는 생각이 들었다.

경언 씨가 내 커피는 왜 이럴까 하며 자괴감에 빠지는 일은 불행히도 당연한 일이다. 이렇게 이야기한다고 해서 와닿지는 않겠지만 말이다. 그런 고민과 불안은 커피를 손에서 내려놓을 때까지 평생 계속되지 않을까? 미래를 알 수 없는, 인간적인 고민이다. 이런 감정들로 인해 바리스타가 성장하기도 하지만, 커피 때문에 자존감과 자신감을 잃는다면 삶이 무너지는 이유가 되기도 한다. 정말 양날의 검이다. 가능하다면 실수나 실패를 줄이려고 노력하되 자신을 괴롭히진 말자. 내가 내린 커피가 맛없게 느껴지더라도 주위 사람들에게 객관적으로 물어보고, 그들이 맛있다고 한다면 일단 믿어보자. 실패를 하더라도 회복할 수 있을 만큼만 실패하면 오히려 기회가 된다고 했다. 다시 도전할 수 있을 만큼만 자책하고 앞으로 나아가자.

2014년도 월드 바리스타 챔피언World Barista Champion인 히데노리 이자키Hidenori Izaki는 일본 후쿠오카에서 허니 커피Honey Coffee라는 스페셜티 카페를 2001년부터 운영해 온 아버지의 영향으로 어린 나이에 커피를 시작해 지금까지 커피 산업에서 열심히 활동하고 있다. 오랜 시간 커피와 함께한 그에게 커피란 대체 뭐였을까? 그는 커피가 이 세계를 경험하게 해 주는 존재라고 했다. 동시에 커피는 더없이 소중한 휴식이고 평범한 행복이라고 말하며, 커피를 통해 긍정적인 현실 도피처에 이르러 안심을 느낄 수 있다고도 했다. 커피가 어렵게만 느껴지고, 내 커피가 나를 괴롭혀 마음이 지옥 같을 때면 그의 말에서 큰 도움을 얻었다. 마음을 내려 놓으면 커피는 언제나 그렇듯 좋다.

● **항상 기억할 것**
1) 맛에 대한 주관적 + 객관적(보편적) 기준 정립하기
2) 맛을 기준으로 변수 조건들의 오차 범위(±) 설정하기
3) 변수를 최소한으로 변화시키면서 테스트하기
4) 모든 것을 기록하거나 기억할 것
5) 없는 맛을 만들어 내거나 억지로 강화시킬 수 없다는 것을 알아두기

    2011년 커피를 잘하고 싶은 김기훈 바리스타에게 내 준 숙제 말미에 써둔 메모다. 나 역시 여전히 고민하고 있고, 고민하는 만큼 발전하기 마련이라고 생각한다. 내 입이 이상한 건지 진짜 이상하게 내린 건지 모르겠지만, 그냥 마음에 들지 않는다는 말은 내가 내린 커피가 정말 객관적으로 맛이 있는지 없는지를 파악할 기준점을 아직 찾지 못했다는 말이기도 하다. 커피를 계속하면서 맛에 대한 기준을 다듬다 보면 저절로 알게 될 것이고, 자신감까지는 아니어도 부족하진 않구나라는 생각을 하게 되지 않을까? 나는 아직도 자신이 없고

그저 열심히 해야겠다고 생각하지만, 내 커피를 사람들이 맛있게 마셔 줘서 참 감사한 일이다. 앞으로도 꾸준히, 열심히 해 보자.

커피에서 한 걸음 더 나아가기

바리스타가 피넛버터쿠키를 만들게 된 사연

 **바리스타가 디저트도 만들어야 하나요?**

평소 사부작사부작 만들기를 좋아해서 처음 메쉬커피에서 디저트를 파는 걸 봤을 때 반갑고 재밌겠다고 생각했다. 사장님은 고정된 레시피를 선호했지만 나는 왠지 욕심이 나서 매번 다른 레시피로 만들어 보기도 했다. 누가 시키지 않아도 혼자 이렇게 저렇게 만들어 보면서 맛있으면 팔고 아님 말고였다. 당시 디저트를 만드는 일은 나만의 특별한 힐링 시간이었다. 매일 커피를 내리고 비슷비슷한 사람을 만나는 일상에서 디저트는 하나의 새로운 도전이었다.

개인적으로 틈틈이 레시피 공부를 하고 매장에 있는 재료로 테스트도 해 보고, 특히 해외 레시피를 열심히 봤다. 외국어라 다 읽진 못했지만 생각보다 잘 나온 것도 있었고 그렇지 않은 것도 있었다. 그래서 재밌었다. 디저트를 만들면서 그나마 쿠키가 가장 간단하다는 걸 배웠다. 일단 사람들이 좋아하고 쉽게 사먹을 수도 있고. 케이크처럼 앉아서 먹어야 하는 디저트는 메쉬커피처럼 테이크 아웃을 주로 하는 매장에서는 팔기 힘들다.

사장님이 가장 맛있다고 했던 디저트는 오트 쿠키. 오트밀, 꿀, 시나몬이 들어간 쿠키였는데 만들어 놓으면 사장님이 다 드셨던 기억이 난다. 손님들의 반응을 보려면 더 꾸준히 냈어야 하는데, 그게 좀 아쉽지만 간혹 디저트를 찾는 손님에게 맛보여 드릴 기회가 있었다는 게 뿌듯하다. 디저트 덕분에 손님이 늘진 않았지만 적어도 없어서 아쉬워하는 손님이 있으면 안 되니까. 디저트는 서비스 차원에서라도 계속 만드는 게 좋겠지?

 ## 새로운 걸 배운다는 의미

바리스타의 하루 중에 커피만 내리는 시간이 얼마나 될까? 꽤 바쁜 매장에서는 바리스타 한 명이 하루 40~50여 잔의 커피를 혼자서 내리기도 하지만 동료들과 함께 만드는 경우가 더 많다. 에스프레소를 준비해서 손님에게 나가는 데 걸리는 시간은 1분 남짓. 하리오 V60로 천천히 내려도 3분 정도. 40~50여 잔을 에스프레소만 팔면 1시간, 필터 커피로 팔아도 2~3시간이면 충분하다. 휴게시간 1시간을 빼고 8시간 근무 중 정작 커피만 내리는 시간은 생각보다 길지 않다. 커피를 집중해서 내리기 위해 재료와 부재료를 준비하고 매장을 청결하게 정리하는 시간이 바리스타 업무의 대부분일 때가 많다.

커피를 내리고 매장 관리를 하는 일이 바리스타의 주된 역할이지만 전체 매출에 크게 영향을 미치지 않아도 중요한 업무가 하나 더 있다. 바로 쿠키와 케이크, 간단한 빵과 샌드위치 등 흔히 말하는 사이드 메뉴 혹은 디저트를 준비하는 일이다. 매장에서 직접 만든 신선한 디저트는 언제나 매력적이다. 요즘 카페들은 실력이 얼마나 좋은지 맛도 모양도 훌륭해 유명 베이커리나 과자점에서 납품 받았나 싶을 정도다. 예술 작품처럼 보기만 해도 완벽하고 기술적 완성도가 뛰어난 디저트도 좋지만 카페에서라면 집에서 만든 것 같은 투박한 초코칩 쿠키나 스콘도 잘 어울린다. 가족의 손맛까지는 아닐지라도 나를 위해 항상 맛있는 커피를 내려주는 바리스타의 정직함과 미각에 대한 믿음 때문이리라. 정성이 듬뿍 담긴 디저트는 주인공인 커피와도 궁합이 좋다. 특히 출출할 때, 커피만으로는 아쉽다고 느껴질 때 더 그렇다. 그럴 때면 카페에서 만든 못생겼지만 맛있는 디저트는 손님들에게 큰 위안이 된다.

디저트를 만들 공간이 부족하거나 커피에 집중하고 싶어서 등 다양한 이유로 카페 사정에 따라 디저트를 직접 준비하기 힘들 때도 있다. 커피의 짝꿍이 디저트라지만 카페에서 디저트가 팔리면 얼마나 팔리겠나. 전체 매출의 10% 미만인 경우가 대부분이다. 매장에서 직접 만든다면 쿠키를 10개 미만으로 조금씩만 준비한다고 해도 재료 준비부터 굽고 식히고 포장하는 시간까지 꽤 많은 품이 든다. 3천원짜리 쿠키를 10개 팔아서는 사실 경제적으로 큰 의미가 없다. 결국 곁들일 간식을 준비하는 건 손님을 배려하는 마음 때문이다.

현재 메쉬커피에서 판매하는 피넛버터쿠키는 전임 매니저였던 바리스타 윤열의 레시피다. 매장 매출에 조금이라도 도움이 되고, 바리스타가 만들기에 적당하며, 시간이 오래 걸리지 않았으면 좋겠다는 마음으로 찾아낸 레시피다. 바리스타의 마음으로 만든 쿠키지만 손님들이 좋아하고 무엇보다 맛있다. 커피를 오래 많이 다룬 바리스타들의 입맛과 손맛은 조금 다르다. 오랫동안 과자를 만들어 온 셰프들이 그 과정을 보면 의아해할 만큼 기술적으로는 떨어지지만 한입 먹어보면 정말 맛있다고 다들 극찬한다.

커피를 내리듯 원하는 맛을 찾아 어떻게든 완성하기 때문이고, 미묘한 커피에 훈련된 미각 때문이고, 무엇보다 커피에 어울리는 정도로만 맛을 내기 때문에 함께 먹었을 때 누가 만든 어떤 디저트보다 잘 어울린다. 쿠키를 구우면서 뜻하지 않게 커피 실력이 늘기도 한다. 커피 내리기를 반복하는 일상에서 벗어나 무언가 새롭게 배우고 익히고 실수도 하면서 경험을 쌓는 과정이 나를 성장시킨다. 여러 가지 다양한 디저트를 만들어 동료들, 손님들과 나눠 먹는 재미도 있다. 판매를 하지 않는 이유는 여러모로 실패한 구석이 있기 때문이지만 그래도 즐거움과 추억으로 남아 있다.

커피를 파는 방법

# 게이샤처럼 비싼 커피는 어떻게 팔까요?

커피 한 잔에 3만 5천원이라니! 진짜 팔 자신이 없어서 사장님께 물어봤다.

"대체 이런 커피는 어떻게 팔아요?"

비싼 커피를 팔아본 경험도 없고, 어떻게 팔아야 손님들에게 설득될지도 모르겠고 덜컥 겁부터 났다. 괜히 추천했다가 손님한테 혼나면 어쩌지…. 아무리 맛있어도 사람들이 사 마실까? 어쨌든 업무 지시가 내려온 거니 의식적으로 팔긴 팔아야 했다. 에라 모르겠다. 일단 뱉고 보자.

등 떠밀리듯 게이샤를 추천하기 시작했지만 게이샤가 왜 좋고, 맛있고, 비싼 커피인지, 이만한 가격을 지불할 만한 가치가 충분한 커피인지 이야기하다 보니 어느 순간 나조차도 납득이 돼서 자연스럽게 게이샤를 추천하게 되었다. 나중에는 "게이샤 드셔야죠!"라고 유쾌한 말투로 가볍게 건네기도 했다. 결국 준비한 물량도 모두 소진했다.

손님들의 반응은 다양했는데 추천하면 흔쾌히 "주세요!" 하는 분들도 생각보다 많았다. 단골이 많은 메쉬커피의 특성 때문일 수도 있지만 기세에 밀려 사 드시는 분도 있었고, 아직은 부담된다고 조금 더 낮은 가격대의 커피를 추천해 달라는 분도 있었다. 결론적으로 말을 아예 안 꺼낸 것보다는 나았다. 게이샤가 나갈 때면 슬그머니 손님의 얼굴을 보곤 했다. 다행히 나쁘지 않은 표정이면 맛이 어떤지 물었다.

"괜찮으셨어요?"
"네, 너무 좋은데요?"

지금 생각해도 만만한 가격은 아니지만 한번 팔아 볼 만하다는 패기와 함께 완벽한 커피를 내려야 한다는 부담까지. 한 잔 한 잔 커피를 내리는 데 손이 다 떨렸지만 뿌듯함이 더 컸다. 눈에 보이는 매출도 매출이지만 손님들의 만족도도 높았고, 무엇보다 내가 뱉은 말을 지켰다는 안도감과 성취감이 자신감을 가져다 줬다.

 **냉정과 열정 사이, 게이샤**

　　파나마 게이샤는 우리가 아는 커피가 맞나 싶을 만큼 놀라운 향미와 어마어마한 가격으로 유명하다. 생두 가격만 해도 그렇다. 일반적인 좋은 품질의 생두 가격보다 최소 10배가 훌쩍 넘는다. 이렇게 비싼 재료를 원가율을 그대로 적용해서 팔면 아무리 커피를 좋아하는 손님이라도 납득할 수 있을까 고민된다. 상식적인 수준을 넘어선 남다른 품질의 커피도 소개하고 싶지만 카페 살림을 생각하면 높은 가격 때문에 잘 팔리지 않을까봐 망설이게 된다. 비싼 커피는 소비자들이 구매하기 부담스러운 것만큼 우리도 판매하기 조심스럽다. 상상을 초월하는 가격대의 커피를 가져와 팔다 보면 왜 이 고생을 사서 하나 싶을 때가 있다. 사람들이 원하는 가성비 좋은 커피를 팔면 서로 이득일 텐데 말이다. 날 때부터 모험과 고생을 좋아해서도 아니고, 언젠가 내 신념이 통할 거라고 믿는 장인이 되고 싶은 것도 아니고, 비싼 커피를 자랑해서 유명해지고 싶은 마음도 없다. 그저 어떻게 하면 세계 최고 수준의 커피를 사람들과 나눌 수 있을까, 카페를 열고 지금까지 계속 고민하며 방법을 찾고 있는 중이다.

문제는 카페가 아무리 작아도 사업은 사업이니까 이윤을 낮추면 우리가 망할 수 있다. 하지만 일어날 일은 일어난다고 했던가. 바리스타들은 보통 커피에 대한 호기심이 가득하다. 특히 희귀하고 맛있는 커피 앞에서는 눈이 더 반짝인다. 직접 경험하고 싶고, 손님과 나누고 싶은 욕심 앞에서 그 커피를 사면 안 된다는 이성적이고 상식적인 판단은 하기 어렵다. 나의 영롱한 게이샤. 내가 로스팅해서 내리면 또 얼마나 맛있을까? 손님들도 맛보면 깜짝 놀랄 텐데 어쩌나. 가성비 따위는 가볍게 무시하고 오로지 열정 내지 욕망이 귓속말로 속삭일 때 덥석 구매를 결정한다. 손님들도 마찬가지겠지? 시장 가격이라는 게 없는, 이 상식 밖의 커피를 어떻게 해야 할까? 손님들에게 좋은 커피를 경험시켜 주겠다는 포부와 그들의 주머니 사정, 그리고 카페 살림 사이 어딘가. 커피를 향한 식을 줄 모르는 열정에도 가격이라는 현실이 끼어들면 참 어렵다.

Answer   **내가 내린 커피를 정직하게 팔면 돼**

좋은 품질이지만 값비싼 커피를 어떻게 팔아야 할까 오랜 시간 고민하고 꾸준히 시도했다. 좋은 커피를 나누고 싶은 열정과 내가 좋아하는 커피라면 손님들도 좋아하지 않을까 하는 희망에 기대어 보았다. 일단 다른 곳은 모르겠지만 우리는 잘 팔 수 있을 거라고 자기 암시를 했다. 커피 실력은 모르겠지만 파는 일은 자신있다고 말이다. '매일은 힘들겠지만 일 년에 한 번 정도는 자신에게 선물한다 생각하고 구매하지 않을까'라는 기대와 함께. 분명 그동안 우리가 못 찾았을 뿐 우리처럼 이 커피에 열광할 사람들이 있을 것이라는 믿음으로 단순하게 생각하고 일단 행동하기로 했다. 얼마나 놀라운 경험을 할 수 있는지, 우리가 사온 가격이 얼마인지 손님들에게 이야기하고 커피에 대해 조금 더 자세히 설명했다.

사실 이런 노력은 게이샤처럼 비싼 커피를 팔 때만의 일은 아니다. 내가 내린 커피를 판매해 보면 참 복잡한 감정이 든다. 바리스타의 일을 설명할 때 나 역시 '커피 내리는 일을 하는 사람'이라고 소개하지만 결국 바리스타는 생산직과 판매직이 구별된 업종과 달리 생산도 판매도 동시에 잘해야 한다. 하나도 하기 힘든 일을 둘 다 해 내려니 어려움이 많다. 여기에는 스페셜티 커피에서 중요하게 생각하는 장인정신도 한몫한다. 바리스타는 친절하고 밝고 쾌활하면서 실수 없이 자신의 기술을 연마해 완벽한 커피 한 잔을 내리면 된다고 생각한다. 기술자의 입장에서 커피를 판매하는 일보다 자신의 커피를 내리는 일에 더 집중한다. 커피가 맛있기만 하면 손님들이 좋아하고 장사도 잘 될 것이라는 투박하고 순박한 믿음이다.

생각보다 많은 바리스타들이 판매직보다 생산직에 가깝고 부끄러움이 많아 커피를 파는 일에 어려움을 느낀다. 전문 판매사원처럼 화려한 언변과 전략은 없지만 달리 생각하면 그래서 사람들이 바리스타만의 독특한 정체성을 좋아하는 것이 아닐까? 판매 전략이라고 해서 커피에 진심이 없고 돈만 밝히는 장사꾼이 된 기분이라면 오해라고 말하고 싶다. 우리의 일은 커피를 내려서 파는 것이고, 같은 맥락에서 판매 전략은 어쩌면 고객과 소통하는 방식이라고 생각해도 좋겠다. 커피에 대해 전문적으로 잘 알고, 직접 만든 사람이 설명하면 손님들은 자신이 구매하는 상품을 잘 이해하고 더 나은 선택을 할 수 있다.

　　　커피를 사랑하는 사람들이 소개하는 커피라서 더욱 설득력 있게 들린다. 순수하고 진실한 마음 그대로 솔직하고 정직하게 팔면 되는 일 아닐까? 커피는 친절하게 파는 것도 좋지만 정직하게 팔면 더 좋다. 이토록 힘든 커피. 그래도 신기하고 즐겁다. 부담스러운 가격에도 내 커피를 좋아해 주는 사람에게 건넬 때 여전히 마음이 두근댄다. 역시 기댈 곳은 커피를 좋아하는 사람들밖에 없다.

커피 문화를 만들어가는 일

 **커피 문화를 만든다는 게 무슨 뜻인가요?**

메쉬커피에서는 커피를 내리는 일 말고도 참여한 일들이 꽤 많다. 커피 클래스, 커피 토크, 커피 라이브 등.

커피 클래스는 보통 기구별로 커피를 내리는 방법을 알려주는데, 내가 직접 수업을 진행한 적도 있다. 커피 토크는 두 종류의 커피를 내려서 비교하며 마셔보고 각 커피의 배경과 특징에 대해 듣는다. 오늘 컨셉이 품종이라고 하면 품종은 같지만 산지나 가공방식이 다른 커피를 비교하는 식이다. 라이브 방송은 커피 소개부터 커피 내리는 법, 메쉬커피 소식까지 다양한 주제로 사람들과 직접 소통하며 실시간으로 질문에 답하는 시간이다. 아 참, 온라인숍에 올라갈 커피 정보 콘텐츠를 만든 적도 있다.

수익으로만 따지면 들어가는 품에 비해 매출로 바로 연결되는 것도 아니고 남는 게 별로 없지만, 사장님은 이 모든 활동이 커피 문화 콘텐츠를 쌓는 과정이라며, 커피를 내리고 판매하는 것도 커피 문화를 만드는 일의 일환이라고 했다. 그동안 이야기했던 꿈들을 하나씩 이뤄 나가시는 모습을 보면 참 신기하다.

사장님은 어떤 문화를 만들고 싶은 걸까? 메쉬커피가 꿈꾸는 공간, 경험, 스타일, 커뮤니티는 무엇일까? 거기서 나는 무슨 역할을 할 수 있을까?

Answer · 우리는 어떤 문화를 만들어갈 수 있을까?

　　우리는 우리만의 어떤 문화를 만들 수 있을까? 2015년 메쉬커피를 오픈하고 매년 새로운 도전 과제를 설정했다. 첫 해는 당연히 생존이었고, 그 다음부터는 로스팅 스타일, 다이렉트 트레이드, 브랜딩, 확장 등 카페를 운영하면서 마주치는 일들을 집중적으로 고민했다. 오래오래 커피를 하기 위해 시작한 일이었다. 고민이 해결돼서 메쉬커피의 정체성으로 자리 잡기도 했지만 우리의 가치와 맞지 않는다고 생각되면 멈추기도 했다. 이런 과정이 우리의 차별성이 되었고 사람들이 메쉬커피를 좋아하는 이유도 거기에 있다고 생각했다.

　　메쉬커피가 어느 정도 안정되고 나서 고민하기 시작한 주제가 바로 문화다. 보통 먹고살 만해지면 문화에 관심을 갖는다는데 나 역시 그랬나 보다. 커피에 대한 생각을 공유하고 사람들에게 내가 가진 커피 지식과 경험을 전달하고픈 욕심에 'MCC Mesh Coffee Culture'라는 이름의 프로그램도 만들었다. 나는 사람들을 만나 이야기 나누는 것을 좋아해서 다양한 모임에 참여해 왔다. 공연, 미술, 책, 음악, 스케이트보드 등 내가 매력을 느낀 문화는 늘 재밌고 매력적인 사람들이 하나의 커뮤니티를 이루고 있었다. 나도 나만의 공간에 사람들을 모아 커뮤니티를 만들고 싶어 바리스타를 시작했다. 커피에 대한 자신감이 조금 붙고 나서는 내가 원래 하고 싶었던 일이 무엇이었는지 떠올랐고 드디어 실행에 옮길 수 있는 순간이 왔다고 깨달았다. 사람들이 좋아하는 커피 문화를 만들고 우리를 좋아하는 사람들을 열광적인 팬으로 만들리라. 카페 운영은 자리를 잡았다고 해도 언제 손님이 줄고 매출이 떨어질지 몰라 불안할 수밖에 없는데 내 바람대로 된다면 우리는 절대 망하지 않으리라는 강한 확신이 들었다. 이제부터는 커피를 잘하는 데 집중하기보다 사람들에게 어떻게 커피 경험을 전달할지 구상하며 커피 콘텐츠, 즉 사람들에게 다가가는 커피 이야기에 집중할 때라고 생각했다.

Answer! 힙한 동네 성수동, 작은 카페의 특별함

그런데 가만 생각해 보니 문화라는 건 사람들이 함께 살아가면서 만드는 거라 내가 혼자 문화를 만들겠다고 나선다 해서 사람들이 좋아하는 뭐가 탁 나오는 것은 아니다. 오래 커피를 해 온 내가 할 수 있는 일이 무엇일까 찾아보다 커피 전문가가 된 이상 커피 문화에 메쉬커피만의 방식으로 접근해야겠다는 결론에 도달했다. 하지만 커피만 이야기해서는 무슨 매력이 있고 지속 가능할 수 있을까. 이내 커피를 하면서 만난 수많은 단골 손님들 가운데 자신만의 길을 걷고 있는 사람들이 떠올랐고 커피를 통해 만난 사람들과 뭐든 함께 해 볼 수 있겠다는 마음이 생겼다. 커피는 그 자체로도 아름답지만 사람과 사람을 이어주거나 다른 문화와 융합이 잘 되는 매개체로서의 기능도 강하다. 예술가나 작가뿐 아니라 비즈니스 파트너와 연인 사이에서도 사람들이 만나는 지점에는 늘 커피가 그 사이를 부드럽게 연결해 주는 역할을 한다.

커피를 좋아하고 커피로 영감을 얻는 사람도 참 많다. 커피 문화를 만들기 위해 커피만 전문적으로 다루기보다는 커피를 좋아하는 다양한 사람들의 이야기를 들려주고 싶었다. 커피를 잘 몰라도 좋아하는 보통의 사람들을 대상으로 말이다. 그래서 'MCC 친구들'이라는 이름으로 평범하지만 평범하지 않은 동네 사람들에게 강연을 부탁했다. 커피 이야기를 안 해도 된다고 말씀드렸지만 자연스럽게 각자 이해하는 만큼 자신의 이야기와 커피 이야기를 엮어 풀어냈고, 메쉬커피 지하 워크룸에서는 커피로 이어진 동네 문화가 저절로 드러나기 시작했다.

동네 사람들이 모여 피아노 학예회를 열기도 하고, 산티아고 순례길을 걸은 얘기며, 자전거 프레임 빌더가 되려고 포틀랜드 자전거 학교에 다녀온 얘기로 사람들이 자연스럽게 모이고, 다양한 생각과 이야기가 차곡차곡 쌓여 서로를 더 잘 이해하게 되었다. 메쉬커피가 한 일이라면 사람들이 자유롭게 자신의 이야기를 할 수 있는 분위기와 자리를 마련했다는 것뿐이다. 내가 생각하는 커피 문화는 커피가 사람과 연결되는 시작점이자 커피로 관계를 맺는 것. 문화는 스스로 잘 굴러간다. 그래서 재밌고.

바리스타는 어떻게 일할까?

유기적인 바 구축하는 법

 ## 좁은 바에서 바리스타들과
움직임이 겹쳐요

    메쉬커피의 시끌벅적하고 활기 넘치는 분위기에는 매장에 북적이는 손님들과 서로를 향해 보내는 바리스타들의 콜사인이 한몫한다. 가끔 이런 것까지 콜사인을 해야 하나 싶을 때도 있지만 꼭 필요하다. 손님들로 붐비는 러쉬타임이면 메쉬커피는 떠들썩한 소리에 정신이 하나도 없다. 밀려드는 주문과 만들어지는 음료, 나가는 음료, 기다리는 손님과 가져가는 손님이 한데 섞여 매장은 발 디딜 틈이 없다. 그리고 좁은 바 안은 매장보다 더 복잡하다.

"주문 도와드릴게요. 따뜻한 아메리카노, 아이스 아메리카노 둘, 아이스 카페라떼 맞으시죠?"

    계산대에서 들려오는 대화에 자연스럽게 얼음잔을 들었다.

"따뜻한 아메리카노 하나, 아이스 아메리카노 둘, 아이스 카페라떼 하나 있어요!"

"네!"

미리 준비한 얼음잔에 물을 담고 에스프레소를 추출하려고 몸을 돌리는 순간, 예상치 못한 충돌과 함께 얼음잔이 바닥으로 떨어진다.

"좌르르륵"

나처럼 샷을 내리려고 돌아서던 동료와 부딪힌 것이다. 바닥에는 얼음물이 가득하고 옷은 잔뜩 젖어 바 안의 모든 움직임이 일순간에 멈췄다. 안 그래도 바쁜데 동선 실수라니. 당황스럽기도 하고 짜증도 나고 기분이 썩 좋지 않았지만 누굴 탓할까. 난 준비된 베이스에 추출까지 할 생각이었지만 동료 바리스타는 내가 다른 음료의 베이스를 준비하는 줄 알았겠지. 그동안 함께 일하면서 이제는 척하면 척, 눈치만 봐도 서로 손발을 맞출 수 있다고 생각했지만 급하고 정신없는 상황에서는 완벽히 맞던 합도 자연스럽게 어긋나기 시작한다. 그래서 사장님이 매장이 바쁠 때는 특히 더 대화가 중요하다고, 끊임없이 얘기를 나눠야 한다고 했나 보다. '저게 얼음물이 아니라 뜨거운 물이었으면 어쩔 뻔했어.' 사장님 목소리가 귓가에 들리는 듯하다. 우선

오답노트는 나중에 쓰고, 빠르게 뒷정리를 끝내고 다시 바로 돌아간다.

> "아이스 아메리카노 하나, 아이스 카페라떼 하나 있어요!"
> "지금 나오는 음료는 제가 가져갈게요."
> "샷 뽑을게요, 베이스 부탁합니다."
> "음료 마무리해 줄래요? 감사해요."
> "주문하신 음료 나왔습니다!"
> "죄송해요, 콜 한 번만 다시 해 주세요!"

귀를 더 쫑긋 세우고 부지런히 입을 놀린다. 집중! 서로를 향한 정확한 소통이 필요한 때다.

Answer. 바가 유기적으로 움직이려면

 카페에서도 바 안은 커피 추출과 음료 제조를 위한 각종 장비와 도구, 재료들이 최적의 동선으로 빈틈없이 가득 차 있다. 원하는 물건이 약속된 장소에 있어야 바리스타들이 손만 뻗어도 닿을 수 있고, 주문이 계속 밀려와도 지체 없이 커피를 만들 수 있다. 재료를 쏟거나 동료들과 부딪히지 않도록, 뜨거운 물에 데이거나 날카로운 부분에 베이는 일 없이 안전하고 효율적으로 일하기 위해 바리스타들은 커피를 내리는 내내 온 신경을 집중하며 자신의 동선과 기물, 재료의 위치를 조율한다.

 커피 바에서 정리와 위생은 특히 중요하다. 사용한 도구는 제자리에 두어야 필요할 때 누구라도 쓸 수 있고, 오염된 부분은 바로 세척해야 위생 문제가 없다. 더러워지기 쉬운 행주는 자주 빨아야 하는데 그중에서도 우유를 데울 때 사용하는 행주는 박테리아가 쉽게 번식하므로 각별히 더 신경 써야 한다. 바닥에 떨어진 얼음은 금세 녹아 물이 되고, 소스와 시럽도 흘러내리면 금방 끈적거려 자칫하면 미끄러지거나 넘어질 수 있다.

　　　　한 차례 손님들이 몰려드는 러쉬타임이 끝나도 쉴 틈이 없다. 에스프레소 머신과 그라인더가 정상적으로 작동하는지, 원두를 더 채워 넣어야 하는지, 물은 충분한지 등을 점검하며 오픈할 때처럼 완벽한 준비 상태로 돌려 놓아야 한다. 바쁜 상황에 재료가 다 떨어진 것만큼 조마조마한 순간도 없다. 재료가 하나만 부족해도 음료를 완성하지 못하고 손님은 기다릴 수밖에 없다. 다음 주문이 밀리는 건 당연지사다. 급하게 필요한 순간에 대비해 기물과 재료는 약간 여유 있게 준비해야 한다.

　　　언제라도 커피를 내릴 준비가 되었다면 그제야 한숨 돌리고 쉴 수 있다. 나는 다른 카페에 갔을 때 무엇보다 바를 유심히 살핀다. 바에 커피 기구를 어떻게 구성해 두었는지, 일하는 사람들의 움직임이 원활한지 살펴보는 것만으로도 바리스타의 실력과 커피 맛이 좋은지 아닌지 파악할 수 있기 때문이다. 작업 동선이 잘 짜여 있으면 바리스타가 일하기 편한 것도 있지만 손님들이 봤을 때도 커피 도구와 장비들이 가지런히 잘 정돈돼 있고, 바리스타들도 집중해서 커피를 내릴 수 있다. 커피를 내릴 때는 최대한 동선을 간결하게 활용해 움직이며 에너지 소모를 줄일 필요가 있다. 아무

것도 아닌 것 같지만 불필요한 소모적인 움직임이 반복되면 바리스타의 피로감만 더 쌓인다.

시간 배분을 잘하는 것 역시 중요하다. 커피 주문을 받을 때 부재료가 들어가는 메뉴라면 우유와 시럽 등을 먼저 준비하고 여유 있게 에스프레소를 추출하는 편이 낫다. 밑준비가 완벽한 상태여야 예민한 에스프레소 추출에 온전히 집중할 수 있다. 동료와 함께 음료를 만든다면 동료가 베이스를 준비하는 속도에 맞춰 에스프레소를 준비하자. 추출만 신경 쓰느라 동료의 작업 속도를 고려하지 않으면 팀워크가 악화된다.

동료들과는 세세한 부분까지 이야기하는 편이 좋다. 눈빛만 마주쳐도 어떤 생각을 하는지 알만큼 호흡이 잘 맞는다면 좋겠지만 현실에선 한마디 말이 더 큰 힘을 낸다. 특히 여러 잔의 음료를 동시에 만들 때 업무 분담이 중요하다. 자신이 해야 할 일과 동료가 해야 할 일을 빨리 판단하고 의논해서 각자 어떤 일을 할지 정해야 한다. 혹시 이해가 안 되거나 못 들은 내용이 있으면 정확히 콕 집어 확인해야 작업 흐름이 좋아지고 오해해서 음료를 잘못 만드는 일도 없다. 필요한 대화가 잘 통하는 커피 바는 아무리 바빠도 서두르는 법이 없고 느긋하고 여유로워 보인다. 나는 손이 빨라 빠르고 능숙하게 음료를 준비하면서도 안정된 자세로 꼼꼼하게 정성을 다하는 바리스타가 숙련된 바리스타라고 생각한다.

      동료와 이야기할 때는 역할 분담이 확실할수록 좋다. 누가 주연이고 누가 조연인지 확실히 분리하자. 내가 주도해서 커피를 만들고 싶은 건 누구나 마찬가지다. 하지만 모두가 같은 마음이라면 동선이 부딪혀 효율성이 떨어지고, 서로 마음이 상하거나 물리적으로 다치기도 한다. 먼저 입사한 선배나 매니저라고 해서 무조건 주연 역할을 맡는 것이 아니다. 각자 하나의 역할에 묶여 있기보다 상황에 맞게 주조연을 바꿔가며 유기적이고 능동적으로 움직여야 한다. 현재 내 위치, 내가 맡은 역할에 집중하고 최선을 다하면서 주변 사람들의 움직임을 관찰하고 적재적소에 도움을 주어야 한다. 이때도 대화는 중요한 도구다.
      다시 말하지만, 추출하는 사람이 꼭 주연은 아니다. 오히려 경험이 많은 바리스타가 추출하는 사람을 보조하며 부족한 부분을 채울 때 바의 흐름이 원활한 경우가 많다. 커피를 잘한다는 건 바의 흐름을 잘 읽는다는 것이다. 바 전체를 보는 시야가 넓은 사람은 어떤 위치에서도 자신의 역할을 찾고 팀을 하나로 이끈다.

바리스타의 하루

 **사장님이 하는 생각을 왜 나는 못 할까?**

사람의 타고난 동물적 감각은 무시 못한다고, 일하다 보면 나도 모르게 '아, 이건 아닌데' 싶은 순간이 있다. 전문 셰프가 아니어도 음식을 맛보고 맛이 있는지 없는지 아는 것처럼, 커피를 완벽히 터득하지 않고도 '앗 이건 별로야!', '오 이건 좋은데?' 같은 생각이 불쑥 떠오르곤 한다. 문제는 맛이 있고 없고를 떠나 '그럼 나는 어떻게 해야 할 것인가' 하는 부분이다.

여느 때와 같이 출근을 하고 매장 문을 열고 기물을 정리한다. 수레 안 작은 화분을 꺼내고 LP 플레이어에 재생할 노래를 고르고 매대를 닦다 보니 어느덧 오픈 시간이다.

10분 전, 오늘 나갈 커피를 세팅한다. 원두 18g에 추출 시간 23~24초, 추출량은 41~42g. 이미 정해진 레시피에 늘 똑같은 세팅이라 어련히 맛있겠지 생각하며 커피에 입을 댔는데…. 글쎄, 평소와 다른 느낌이다. 맛이 아주 나쁘거나 문제가 있는 건 아니지만 충분히 맛있지 않다. 뭔가 부족한데 당최 뭐가 부족한지 모르겠다. 에스프레소 한 잔을 움켜쥐고 생각에 잠겼다. 죄

없는 에스프레소만 뚫어져라 바라보다 이제는 내가 제대로 판단한 게 맞나 싶은 의심까지 든다. 사실 이럴 때 내가 선택할 수 있는 길은 몇 없다. 내 판단이 의심된다면 믿을 만한 사람에게 물어보면 되는 일. 때마침 나타난 사장님이 커피 한 잔을 부탁했다.

"사장님, 시간 있으세요?"

그간 내가 던진 수십 개의 질문과 무작정 들이미는 에스프레소를 경험한 사장님은 의심스러운 눈초리로 쳐다봤지만, 딱히 바쁘다는 말이 없는 걸 보니 아주 나쁜 타이밍은 아닌 듯하다.

"아니 제가 지금 에스프레소를 하나 뽑았는데요. 레시피도 맞고 추출 뉘앙스도 나쁘지 않고 별다른 문제점이 없어 보이는데 썩 맛있지 않아서요. 뭐가 문제일까요?"
"글쎄, 잘 모르겠는데?"

'어 이게 아닌데?' 순간 맥이 탁 풀려서 당황스러운 눈빛으로 사장님을 바라보자 바로 한마디 더 얹어 주신다.

"말로 설명한다고 내가 다 알아낼 순 없어. 난 그 커피가 어떻게 추출됐는지 모르고 맛을 본 적도 없으니까. 당장 정답을 원하는 것 같은데 그건 조금 힘들지 않을까?"

음, 맞는 말이다. 나름 설명한다고 했지만 별 의미 없는 서사였고, 지금 내가 하는 말이 부끄러운 질문은 아닐까, 괜히 혼나지 않을까 걱정되는 마음에 빠른 답을 얻고 싶었다. 왠지 답을 알려달라고 떼쓴 것만 같은 부끄러운 기분이 들어 잠시 멈춰있자 사장님이 다시 말을 건넸다.

"다시 한 번 뽑아 볼래?"

아까 내가 실수했던 건 아닐까? 이상하다고 잘못 판단한 거면? 이번에 뽑았는데 괜찮으면 어쩌지? 이제 내 머릿속은 커피 맛이 문제가 아니었다. 그냥 이 시간이 얼른 지나갔으면 하는 바람으로 오만 가지 생각을 하며 머신 앞에 섰다.
사장님 한 잔, 나 한 잔. 에스프레소를 뽑아 사장님께 건넸다. 그리고 조심스럽게 물었다.

"어떠세요?"

사장님은 작은 에스프레소 한 잔을 입 안에 털어 넣고 내게 물었다.

"넌 어떤데?"

'앗, 제발 더 이상 묻지 말아 주세요….' 차마 외치지 못한 한마디를 가슴에 묻고 더듬거리며 답했다.

"어, 사실 모르겠습니다. 뭔가 이상한 것 같긴 한데, 뭐가 문제인지, 어떻게 해야 할지 솔직히 모르겠어요. 제가 지금 너무 예민하게 받아들이는 건가 싶기도 하고…."

뭐가 문제인지 알면 고치기라도 할 텐데, 문제가 있는지 없는지조차 확신이 없는 나로서는 지금 이것이 최선의 설명이었다.

"왜 문제라고 생각했는데?"
"조금 강한 산미랑 뒤에서 느껴지는 쓰고 떫은 맛이 부정적이에요. 사실 추출 속도가 조금 빠른 것 같아서 분쇄도를 가늘게 조일까도 생각했는데 그럼 부정적인 맛이 더 두드러질까봐 건드리지 못했습니다."

"에스프레소를 추출할 때는 밸런스를 항상 생각해야 해. 커피의 맛을 신맛, 단맛, 쓴맛으로 나눈다면 이 세 가지의 밸런스를 잘 맞춰야 하지. 신맛과 쓴맛이 강한 건 그만큼 단맛이 부족해서야."

짧은 피드백과 함께 원두의 분쇄도를 가늘게 바꾼 사장님은 에스프레소 한 잔을 새로 뽑아 내게 건넸다.

"자 됐지?"

아, 얼마나 허무한 결말인가. 속 시원히 물어보고 한 번 해 봤으면 이렇게 고민할 일도 아니었는데! 예전에 했던 질문 또 한 번 하는 게 뭐가 그렇게 부끄럽다고, 조금 혼나면 어떻다고 속앓이를 했을까. 이제 일 년 된 바리스타가 알면 뭘 얼마나 안다고 머리로만 고민했을까. 심지어 스스로 생각했던 해결법인데 괜히 마음이 갑갑해져 에스프레소만 홀짝였다.

쓸데없는 자존심은 필요한 질문을 못하게 막

고, 머릿속에 맴도는 치열한 고민은 짧은 뇌운동으로만 끝나버린다. 그날 이후 나는 조금 쑥스럽고 창피하더라도 정확하게 질문하려고 노력하는 중이다. 과정에 문제가 없었는지 한 번 더 확인하고 내 의견을 명확히 전달한 다음 상대방의 의견을 듣고 함께 고민한다. 그리고 가끔 실수하더라도 헷갈리는 부분이 있으면 어김없이 다시 시도해 본다. 결과야 어떻든 적어도 맞다 아니다는 판단할 수 있으니까.

아닌 건 분명 알겠는데 뭘 어떻게 해야 할지 모르겠다면 주저 말고 조금만 용감해지자. 용기 내어 질문을 던지는 사람에게는 새로운 배움의 기회가 주어질 테니!

아닌 건 분명 알겠는데 뭘 어떻게 해야 할지 모르겠다면 주저 말고 조금만 용감해지자. 용기 내어 질문을 던지는 사람에게는 새로운 배움의 기회가 주어질 테니!

커피를 잘한다는 것

　커피를 잘하는 바리스타가 되고 싶다면 커피를 오래 해도 여전히 궁금한 게 많고 호기심과 열정이 있으면 좋겠다. 지금은 많이 부족한데 잘하고 싶은 마음이 앞서서 조바심이 들겠지만 커피가 아니라 다른 어떤 분야도 경험을 쌓고 일이 능숙해지려면 시간과 노력이 들기 마련이다. 매일매일 주어진 하루를 잘 살아가자. 반복 훈련으로 나만의 패턴을 발견하고 스스로 지켜야 할 매뉴얼을 만들어 박자감과 리듬감이 생겼다면 대성공! 빛나는 무언가를 자신의 힘으로 찾아낸 셈이다.

　자기 나름대로 열심히 연습하고 혼자 고민하다 벽에 부딪혔다면, 다른 사람은 어떻게 하고 있는지 관찰해 보고 막힌다 싶으면 부끄럽다 생각 말고 일단 물어보자. 지금처럼 용기를 내고 차이를 인식했다면 절반은 성공이다. 그런 태도와 마음가짐이면 충분하다. 출근하면 느긋하게 마음의 준비를 하고, 오늘 할 일을 생각하며 하루 계획을 잘 세워서 차근차근 실행해 보자. 그렇게 꾸준히 하루하루 기본에 충실하면 커피를 잘하는 것이 아닐까? 손님을 친절히 대하는 호스피탈리티도, 커피 전문가로서 정보와 경험을 제공하는 일도 가장 근본적이고 단순한 바리스타의 기본기가 바탕이 됐을 때 더 빛이 난다. 잘해 냈다는 결과물도 중요하지만 어떤 의도로 행했는지가 더 중요하다.

　　　　농담 같겠지만 슈퍼 바리스타가 되는 상상을 해 보는 건 어떨까? 최고의 바리스타로서 갖춰야 할 조건이라면, 세계 대회 우승이나 유명 커피 유튜버, 인플루언서가 되는 걸 수 있겠다. 먼 이야기처럼 들릴지 모르지만 너의 이야기가 될 수도 있다. 그렇다고 꼭 남들이 알아주는 무언가가 되기 위해서 노력할 필요는 없다. 무엇보다 중요한 건 꿈을 그리고 내가 조절할 수 있을 만큼씩 펼쳐 나가는 것. 무리한 욕심은 마음을 다치게 하지만 마음속으로 그리는 꿈은 너를 어느 자리에서도 빛나게 하니까. 이룰 수 있을 것 같은 목표를 세우고 작은 성공을 반복하다 보면 분명 달라져 있을 것이다.

　　　　마음 깊이 세계 최고의 바리스타가 되겠다는 꿈을 가져보는 것도 좋겠다. 매우 건강한 욕망이고 자신을 성장시킬 테니까. 또 뭐가 있을까? 바리스타는 커피를 잘 내리고 최선을 다해 사람들에게 즐거운 커피 경험을 선물하는 직업. 그리고 커피를 잘한다는 건 결국 사람들에게 사랑받는 일이라고 생각한다.

주니어에서 시니어가 되어갑니다

커피 공부

 **바리스타는 무슨 공부를 해야 하나요?**

    사장님 요즘 고민이 생겼어요. 오랫동안 바리스타를 하고 싶은데 지금 잘하고 있는지 자꾸 의심이 들어요. 저랑 같이 일하시니까 제가 뭘 잘하는지 못하는지 아시잖아요. 저는 제가 향을 잘 맡는다고 생각해요. 후각도 예민한 편이고요. 그래서 나쁜 냄새나 결점을 잘 찾아내나 봐요. 향수도 좋아하고. 그런데 커피는 향만 평가해서는 안 되잖아요. 커피의 다양한 요소를 파악해야 하는데, 향은 잘 맡는데 비해 질감이나 무게감은 도통 이해가 안 돼요. 제 약점이라고 생각해서 노력을 많이 하는데 말이죠.

    예전보다 커피에 대한 정보도 더 궁금해졌어요. 그동안 커피를 내리는 일이 마냥 신기하고 재밌고 어려워서 잘해내고 싶었다면 요즘에는 이 커피가 어떻게 여기까지 왔을까, 다른 커피와 무슨 차이가 있을까, 품종이라든가 가공방식이라든가 궁금한 게 정말 많아요. 커피 산업의 트렌드도 알고 싶고요. 최근에는 어떤 커피가 유행이고 앞으로 또 어떤 커피가 나올지 말예요. 뒤처지지 않기 위해 알아야 할 것 같아서 고민돼요.

메쉬커피 온라인숍에 올릴 글을 정리하다 보면 단순히 커피 정보를 옮겨 적기만 해선 안 되겠다는 생각이 들어요. 그때그때 새로운 커피를 접하면서 정보도 얻고 있지만 괜찮은 걸까요? 따로 시간과 노력을 들여 공부해야 할 것만 같은 기분이에요. 물론 손님들에게 잘 설명하고 동료들에게 전달하려는 목적으로 공부하고 있어요. 신기해요. 다른 사람에게 알려주려고 노력할수록 점점 실력이 느는 것 같아요.

하지만 여전히 전문가가 되려면 더 노력해야 하는데, 책을 읽어야 할지 인터넷을 찾아봐야 할지 막막해요. 지금 하고 있는 커피 추출과 커핑 말고도 더 다양한 업무를 하고 싶은데, 샘플 로스팅이나 생두 구매, 품질 관리를 하려면 무엇을 어떻게 해야 하나요?

 ## 커핑의 중요성을 깨닫자

많은 바리스타들이 자신이 내린 커피를 손님이 맛있게 마시고 행복해하는 모습을 보며 보람을 느낀다. 그래서 일을 시작한 지 얼마 안 됐을 때는 내가 내리는 커피, 즉 손님이 마시는 커피를 잘 내리기 위해서 온 힘을 다해 노력한다. 커피는 손님과 바리스타가 만나는 지점. 바리스타의 가장 기본은 커피로 이야기하는 것이라고 할 수 있다.

일은 하루 이틀 지나면 익숙해지고, 익숙한 만큼 커피 맛도 좋아져 손님과 재밌게 대화를 나누면서 눈 감고도 커피를 내릴 수 있는 경지에 다다르면 이윽고 '커피 실력이 제자리 걸음은 아닐까', '내가 부족한 부분이 커피뿐이었나' 하는 불안이 조금씩 싹트기 시작한다.

운이 좋은 경우라고 할 수 있을지 모르겠지만 어떤 바리스타들은 매일 비슷한 일상이 반복돼도 큰 불안 없이 오늘의 커피가, 사람이, 순간이 늘 새롭고 아름다워 커피를 내리는 바리스타의 본질적인 역할에 만족하며 지낸다. 행복해지는 가장 확실한 방법은 멀리 있지 않다고, 마음과 생각을 비우고 단순하게 살면 된다고 하지 않았던가? 그러나 보통은 행복한 바리스타를 주변에서 가만히 두지 않는다. 몇몇은 카페 아르바이트를 언제까지 할 거냐고 묻곤 한다. 잘 모르는 사람들이 보면 미래와 발전이 없는 단순한 일로 보일 테니 말이다.

  그나마 바리스타 일을 이해해 주는 사람들을 만나면 왠지 더 전문적으로 해야만 할 것 같은 기분이 든다. 나만 제자리에 있는 건 아닌지, 뭘 더 해야 하는지 고민이 늘어간다. 그런 고민이 들 때 부담감에 마음고생은 하겠지만 다음 단계를 향해 다시 몰입할 수 있는 좋은 기회가 되기도 한다. 물론 꼭 다음 단계로 나아가야 하는지, 발전이 좋은 건지 묻는다면 그렇지 않다고 답하겠다. 하지만 뭐가 나에게 좋고 나쁘고, 득이고 실인지 따지기보다 안 해 본 일, 두근거리는 일을 해 본다는 생각으로 눈 딱 감고 용기 있게 한 발 내딛어 보면 좋겠다. 해 보지 않으면 알 수 없어서 불안할 뿐이다. 도전하거나 도망치거나, 일단 지금 이 자리에서 벗어나야 불안은 사라진다. 이제 커피를 내리는 일 말고도 수많은 일을 하기 위한 첫 발을 뗄 때다.

"바리스타는 무엇을 공부해야 하나요?"

카페에 처음 입사한 바리스타들이 가장 많이 하는 질문이다. 이 질문을 받으면 우선 커피의 품질을 평가하는 방법인 커핑을 열심히 해 보라고 권한다. 커피 맛이 안 느껴지고 어떻게 하는지 잘 모르겠더라도 틈날 때마다 자주 하다 보면 나중에 써먹을 일이 정말 많다. 커핑은 바리스타, 로스터 동료들과 커피 품질을 말할 때, 또 손님들과 커피 이야기를 할 때 필요한 도구다. 내가 직접 감각으로 느껴야 하는 부분이라 어렵지만 그만큼 내 실력을 직관적으로 확인할 수 있는 방법이기도 하다. 커핑을 하면 내 장점과 단점이 무엇인지 쉽게 파악하고 어느 부분에서 더 노력해야 하는지 알 수 있다.

커핑은 의사소통 도구이기도 해서 사람들과 얘기하다가 잘 몰랐던 부분을 깨닫기도 하고, 책을 보고 공부하다가 배우기도 한다. 특히 커피에 대한 정보가 없는 블라인드 커핑을 하면 궁금한 게 더 많아진다. '왜 이런 맛이 날까?' 하는 호기심을 갖는 게 중요하다. 커피에 대해 알고 싶은 게 많다는 건 성장하고 있다는 뜻이고, 그런 자신을 보며 조금씩 발전하고 있다는 성취감도 느낄 수 있으니까.

커피 산업은 생각보다 커서 공부할 내용도 방

대하다. 그래서 더 막막하고 어디서부터 공부해야 할지 몰라 포기하기도 한다. 물론 커피 지식이 많으면 좋지만 백과사전처럼 모든 걸 한 번에 공부하기란 쉽지 않다. 커피 책이나 인터넷을 검색하면 나오는 정보들도 현장 실무와는 꽤 동떨어져 있어 당장은 나와 상관없는 이야기처럼 들릴 수 있다.

공부에는 때가 있다. 내가 궁금하고 내 마음에 와닿아야 온전히 내 것으로 만들 수 있다. 내 것이어야 나에게도 의미가 있다. 커피 추출이 신경 쓰일 때는 추출을, 손님에게 원두를 설명할 때 막힌다면 품종과 가공방식을 찾아 보자. 학창시절처럼 공부만 하기에는 항상 잠이 모자라고 피곤한 현대 직장인 아닌가? 나를 위한 시간을 갖기에도 하루가 부족한데, 업무에 집중하려면 충분히 쉬어야 한다.

간혹 커피가 취미인 바리스타들을 만날 때가 있다. 일이 아닌데도 커피를 알아가는 것 자체가 행복해서 쉬는 날이나 심지어 퇴근 후에도 다른 카페를 찾아다니고 커피 행사에 매번 참석하며 24시간 커피 생각으로 가득하다. 모든 바리스타가 24시간 커피하는 사람이면 좋겠다고 생각한 적이 있었다. 막상 많은 바리스타들과 일해 보니 그런 사람은 의외로 적었지만 각자 성향과 상황에 맞게 커피 일을 하면 좋겠다는 마음이 들었다.

그럼에도 자신의 일에 충실하고, 또 만족하기 위해선 공부를 해야 한다. 누구나 알지만 바리스타는 고단하고 급여가 낮은 직업이다. 돈만 바라보면 하지 않을 일이다. 연차가 쌓여 커피가 익숙해지다 못해 지루한 일이 된다면 이래저래 권태로워진다. 감당할 수 있는 만큼의 스트레스는 삶에 긴장감을 주고 생기를 불어넣는다. 불안감은 성취감으로 바뀐다. 커피 공부는 바리스타에게 그런 역할을 한다.

바리스타로만 일하기 싫어하는 바리스타들이 있다. 커핑을 주 업무로 하는 구매나 품질 관리 담당자, 커피를 로스팅하는 로스터 직무에 관심 있는 경우다. 바리스타로 일하다 연차가 쌓여 다음 단계로 넘어가고 싶은 사람, 혹은 처음부터 로스터나 커퍼가 되고 싶었지만 자리가 없어서 바리스타로 시작한 사람, 아무 생각 없이 그냥 더 재밌어 보여서 시작한 사람 등 이유는 다양하다. 바리스타의 일을 다 마스터한 다음 커퍼나 로스터가 되는 거라고 생각하기 쉽지만 사실 조금 다른 분야다. 바리스타에 어울리는 사람이 있고 커퍼 또는 로스터에 어울리는 사람이 있다. 노력하면 어느 정도 이룰 수 있다지만 재능과 적성도 중요하다.

어느 분야에 있든 앞서 이야기한 것처럼 커핑은 기본적으로 꾸준히 해야 한다. 바리스타에게 커핑은 잘하면 좋은 일이지만 커퍼와 로스터에게는 꼭 필요한 역량이다. 반대로 커퍼와 로스터가 추출까지 다 잘할 필요는 없다. 바리스타들이 손님과의 교감을 위해 커핑 역량을 키운다면, 커퍼와 로스터는 동료들과의 협업을 위해 커핑 역량이 필수적이다. 또 재료를 잘 이해하기 위해 관련 자료를 찾아보고 트렌드를 살펴보는 데 조금 더 많은 시간을 보낸다.

커피 공부는 목적에 따라 필요에 따라 하면 된다. 다만 자신의 업무가 아니더라도 커피 산업의 다양한 이야기에 관심을 갖고 여유가 있을 때 틈틈이 공부해 두면 좋다. 산업에서 다른 역할을 하는 사람들을 이해하는 데 도움이 되기 때문이다. 그리고 기회는 언제 찾아올지 모른다. 지금은 바리스타지만 언젠가 커퍼나 로스터가 되고 싶은 마음이 있다면 미리 준비된 사람이 조금 더 유리하다.

커핑은 의사소통 도구이기도 해서
사람들과 얘기하다가 잘 몰랐던 부분을
깨닫기도 하고,
책을 보고 공부하다가 배우기도 한다.
특히 커피에 대한 정보가 없는
블라인드 커핑을 하면 궁금한 게 더 많아진다.
'왜 이런 맛이 날까?' 하는
호기심을 갖는 게 중요하다.

EPISODE #19

메쉬커피에서 말하는 좋은 재료란

 **좋은 재료는 무엇일까?**

좋은 재료에 대한 얘기는 메쉬커피에서 일을 시작하고 기초 교육을 받을 때부터, 일하는 내내 하루도 빠짐 없이 귀에 못이 박히도록 들었다. 사장님에게 좋은 재료란 무엇이길래 매일 질리지도 않고 이 얘기를 할까 싶다. 좋은 재료는 당연히 중요한 거 아닌가? 당연한 얘기를 왜 계속 강조하는지 궁금하다. 재료는 무엇보다 깨끗해야 한다고 했는데, 깨끗한 재료가 뭔지 잘 모르겠지만 중요하다니까 나도 자꾸 좋은 재료가 뭘까 고민하고 물어보게 된다. 하지만 아무리 자주 듣고 마셔 봐도 여전히 어렵고 헷갈린다.

기준이 확실하지 않아서일까? 비싸면 좋은 재료인 줄 알았는데 그것도 아니더라. 어떤 재료든 쓸모에 따라 잘 나눠야 좋은 재료가 된다고 배웠다. 결국 커핑은 내가 커피 일을 하면서 쓸 재료를 고르는 기준을 알아가는 과정이 아닐까 싶다.

사장님의 취향을 파악하고 닮으려고 노력했더니 이제는 조금 알 것도 같다. 내가 고른 커피를 사장님도 맛있다고 하는 걸 보면 근접해 가고 있다는 생각이 든다. 아니면 처음부터 좋은 재료에 대해 하도 세뇌를 당해서 그런가. 여전히 어렵지만 그래도 좋은 재료를 보는 안목을 기르기 위해 노력 중이다.

메쉬커피가 재료를 보는 관점

　　정말 좋은 재료는 흔히 말해 돈 쓴 티가 나지 않을 때도 있다. 자세히 보아야 진가가 조금씩 드러난다. 그 진가를 이해하는 과정이 고단할 때도 있다. 커피에서 깨끗함을 강조하는 이유도 마찬가지다. 잘 보이지 않는 디테일이야말로 커피의 완성도를 높이는 마지막 과정이라고 믿는다.

　　깨끗함을 이해하기는 참 어렵다. 내가 느끼기도 다른 사람에게 설명하기도 여간 어려운 일이 아니다. 깨끗함에 대한 애착이라고 해 두자. 잘 보이지 않아도 아름다운 커피를 완성하는 좋은 재료를 찾아 탐구하고 온몸으로 이해하는 일을 사랑한다. 커피도 그랬고, 매장을 꾸미는 일도 그랬다. 한번은 벽에 천연 재료로 미장 작업을 해서 인테리어 마감을 하는 분을 발견했는데, 원래 공간에 관심이 많기도 했고 알아 두면 매장에 직접 활용해 볼 수 있겠다고 생각했다. 천연 미장을 이해하고 싶어 담양까지 2박 3일 워크숍도 다녀왔다. 미장과 커피는 닮은 점이 많았다. 마치 공예처럼 오랜 시간 숙련된 기술로 만드는 게 미장이나 커피나 다름 없었다. 그리고 둘 다 재료, 기술, 열정에 답이 있었다.

어느 날은 매장에 앉을 자리를 마련하기 위해 나무를 가공하는 제재소에 직접 다녀오기도 했다. 좋은 나무를 고르고 원하는 방식으로 자르는 일은 수고롭지만 돈 주고도 살 수 없는 경험이었다. 일의 시작점을 확인하고 궁금증을 해결하는 일이라 더 좋았다. 과정에 녹아들어 각 분야의 사람들과 이야기를 나누다 보면 재료가 얼마나 중요한지 몸소 느끼고 교감하게 된다. 우리가 사랑하는 커피에서도 재료 이야기를 할 때 가장 즐겁고 책임감을 많이 느낀다. 우리가 아주 가끔이지만 산지에 가서 커피를 사오는 이유이기도 하다.

그럼 좋은 재료란 뭘까? 좋은 재료의 기준은 결국 재료를 보는 시각, 관점이라고 생각한다. 좋은 재료를 쓰는 이유가 내 자존심 때문일 수도 있다. 내가 입는 옷이 나를 표현하듯 내가 사용하는 재료가 나를 표현하기도 한다. 각자 잘 어울리는 옷이 다른 것처럼 재료도 마찬가지다. 나와 어울리지 않는 재료를 명확한 이해나 관점 없이 단지 '나는 이런 사람'이라고 드러내고 싶은 욕망 때문에 사용하는 것은 바람직하지 않다. 소박하더라도 내 기준에 따라 정성을 다해 고른 재료면 충분하다. 이전에 썼던 책 〈오예! 스페셜티 커피!〉에서 호스피탈리티가 답이라고 말한 것처럼 카페에서 나만큼 중요한 사람은 바로 손님이다. 카페들 중 일부는 좋지 않은 재료를 쓰면서 손님을 대할 때 친절하기만 하면 된다고 생각하지만 그렇지 않다. 손님을 위해 좋은 재료를 고르는 일이야말로 진정한 호스피탈리티의 시작이자 끝이 아닐까.

카페의 중심인 커피에 대해 생각해 보자. 메쉬 커피는 우리가 지향하는 투명함과 자연스러운 단맛, 과일과 꽃이 연상되는 커피를 만들기 위해 자체적으로 로스팅을 한다. 우리가 직접 로스팅을 하는 건 원하는 재료, 좋은 재료를 쓰기 위한 목적이 더 크다. 하지만 몇몇 카페들은 카페 운영에서 제일 큰 비중을 차지하는 원두값을 줄이기 위해 직접 로스팅을 하기도 한다. 숫자만 본다면 원두를 납품받아서 운영할 때와 확연한 차이가 있지만 재료를 수급하고 관리하는 일까지 고려하면 정말 비용이 절감되었는지 생각해 볼 문제다. 반대로 로스팅을 안 하는 경우 좋은 원두를 고르는 일도 신중해야 한다. 손님이 지불할 만한 가격인지도 잘 따져봐야 한다. 커피를 선택하는 기준을 세우고 카페의 지속 가능성과 브랜드 이미지를 고려해 결정한다. 카페에서 취급하는 재료는 비단 커피에만 국한되지 않는다. 커피의 부재료인 물, 우유, 생크림, 시럽뿐 아니라 커피를 마시지 않는 손님들을 위한 차, 초콜릿, 주스, 디저트도 있다. 이러한 부재료를 구매할 때도 같은 원칙을 적용하면 좋다.

좋은 재료를 준비하는 일은 손님맞이의 기본이다. 복잡하고 고도화된 사회에서 서비스는 사람들의 다양한 취향을 반영해야 한다. 우유만 해도 저지방, 오트밀, 아몬드와 같이 원하는 종류를 선택할 수 있게 제공하면 더 좋다. 소비자들의 윤리 의식과 사회 문제에 대한 관심이 높아진 만큼 공정 무역, 유기농, 친환경, 동물복지 등의 옵션도 소비자들의 선택에 영향을 준다. 물론 우리가 할 수 있는 선에서 최선을 다하면 된다. 기본을 잊어선 안 된다. 카페는 작은 공간이고, 지역 손님들의 취향을 고려하고 우리만의 기준을 잡는 일이 우선이다.

좋은 재료는 내가 원하는 기준의 품질인지 확인하는 것에서 출발한다. 메쉬커피의 기준은 무엇보다 깨끗해야 한다는 것. 그러고 나서 자연스러운 맛인지, 평범한 재료와 달리 개성이 드러나는지 본다. 재료의 정보가 자세하고 숨김 없는지 파악할 필요가 있다. 좋은 재료는 감출 필요가 없기 때문에 정보를 충분히 알 수 있다. 맛있다고 무턱대고 사는 것도 조심해야 한다. 필요한 재료를 필요한 양만큼 보유해야 하는데, 예산은 한정적이어서 과하게 구입했다가는 정작 중요한 재료를 발견해도 돈이 없어서 못 사는 속상한 일이 흔하게 발생한다. 재료를 바라보는 자기 기준을 믿고 좋은 품질을 많이 경험하다 보면 도움이 된다. 더불어 재료에 대한 호기심이 있으면 선별하는 실력은 더 쑥쑥 자란다.

커피 브루잉 수업

 **브루잉 수업을 진행하라고요?**

"제가 내리면 왜 이런 맛이 안 나는지 모르겠어요."

필터 커피를 마시던 손님이 웃으며 말을 건넨다.

"아휴, 같은 맛이 나면 장사 못하죠."

너스레를 떨며 말을 이어갔다.

"집에서 하리오 V60 사용하세요? 레시피 알려 드릴게요! 여기 시간이랑 용량만 맞춰도 얼추 비슷한 뉘앙스는 날 거예요."

우리가 제공하는 레시피는 꽤나 상세한 편인데 사용하는 원두와 물의 양, 추출 시간은 물론 매 초당 붓는 물의 유속까지 적혀 있다. 그래서 가끔 손님들이 신기해하며 묻는다.

"이런 걸 알려줘도 돼요?"

그럴 때마다 우리는 웃으며 답한다.

"같은 맛은 안 날 걸요?"

메쉬커피에서는 매달 사람들을 모아 하리오 V60를 활용한 브루잉 수업을 진행하고 있다. 이 수업은 디테일하고 심도 깊은 정보를 전달하기보다는 조금은 가볍게 새로운 인연을 만나고 이야기 나누는 자리를 마련하고자 기획되었다. 그러다 보니 커피 전문가보다는 홈 바리스타나 취미로 커피를 즐기는 비전문가들을 대상으로 하는 경우가 많다. 그리고 이들에게 매 수업 잊지 않고 하는 말이 있는데, 이후 대화는 늘 그렇듯이 반복된다.

"물은 커피 가루의 중심부에 오래 부어 주세요. 크게 돌리지 말고 엄지 손톱만한 크기로 부어 주시면 좋아요."

시연을 본격적으로 보이기 전 이 말을 뱉으면 누군가는 어김없이 놀라며 내게 묻는다.

"어? 이렇게 크게 여러 번 돌릴 필요는 없어요?"
"네, 괜찮아요!"

예상했던 질문에 명쾌히 대답한 나는 장난기 섞인 목소리로 되묻는다.

"막 커피 가루에 다 물을 부어 줘야 할 것 같고 안 돌리면 안 될 것 같고 그렇죠?"

내 물음에 상대방 또한 웃으며 조금은 조심스러운 말투로 이야기한다.

"앗 네, 하하. 그동안 봤던 동영상이나 다른 레시피에서는 이렇게 다들 돌리시더라구요."
"맞아요! 많은 매장에서 그렇게 하죠. 다 맞는 얘기예요. 단지 지금 알려드리는 방법은 조금 더 쉽고 간단하게 실패할 확률을 낮추는 커피 추출법이죠."

편하고 부담 없는 자리지만 자칫 정보가 잘못돼서 오해가 생기면 안 되므로 단어와 문장을 차분히 고른다.

"제가 지금 알려 드린 레시피와 현재 매장에서 사용하는 레시피는 약간 차이가 있어요. 이 레시피는 재현성에 집중되어 있고, 매장용 레시피는 조금 더 정밀함에

집중되어 있죠."

침착하게 사람들의 표정을 살피고 다시 설명을 이어 나간다.

"물을 이렇게 부어 달라고 말씀드린 이유도 비슷해요. 섬세하게 물줄기의 굵기와 높이를 조절해 가며 물과 커피 가루를 잘 교반시켜 원하는 추출 흐름을 만들어 내는 건 숙련된 전문가가 아닌 이상 쉽지 않아요. 오히려 물을 너무 많이 붓거나 물이 이상한 곳으로 흘러 추출 흐름이 나빠지는 현상이 생기기 쉽죠. 한 번 성공한다 해도 재현성을 장담할 수 없고요."

말을 마친 나는 숨을 한 번 고르고 준비된 레시피와 원두로 커피를 내린다.

"지금 이 레시피로 커피를 내린 건 앞서 설명드린 액션과 레시피만으로 충분히 매력적인 커피를 표현할 수 있다는 걸 직접 보여드리고 싶어서였어요."

그런 다음 한 잔 씩 커피를 건네며 물었다.

"어때요?"

"맛있네요!"

필터 커피를 내릴 때 고려하면 좋을 것들이 몇 가지 있다.

첫째, 추출은 커피 가루를 물에 얼마나 잘 적셔 주는가에 영향을 받는다. 물에 젖지 않은 커피 가루는 코팅된 코트와 같다고 이야기한다. 코팅된 코트에 빗물이 젖어 들지 못하는 것처럼 마른 커피 가루는 물이 닿아도 표면만 훑고 지나간다. 추출이 일어나긴 하지만 충분한 효율을 내기 어렵다. 그래서 추출 전 커피 가루에 처음 물을 붓는 '뜸들이기'가 중요하다. 뜸들이기는 추출이 효율적으로 이루어지도록 기반을 다지는 작업이다. 이때 커피 가루를 얼마나 적절히, 골고루 적셔 주느냐에 따라 커피 맛이 결정된다.

● 알아두면 쓸모 있을지도 모르는 막간 팁 #1

원뿔 모양의 하리오 V60 드리퍼는 가운데가 상대적으로 깊어 커피 가루에 물을 부어도 잘 젓지 않는다. 뜸들이기를 할 때는 생각보다 가운데에 오래 머물며 물을 붓는다. 5초를 1초, 2초, 3초로 나눠 1초는 커피 가루의 중심에, 2초는 바깥으로 아주 작은 원을 그리며, 마지막 3초는 조금 작은 원을 그리며 물이 젖은 곳에서 젖지 않은 곳으로 경계를 조금씩 밀어낸다는 생각으로 부어 준다.

　　둘째, 물의 원활한 흐름은 커피 맛을 좋게 만들어 준다. 물의 흐름이 너무 빠르면 커피 맛을 제대로 이끌어 내지 못하고, 반대로 너무 느리면 커피 맛이 과해질 수 있다. 추출 흐름을 좋게 만들 수 있다면 돌려가며 물을 붓는 것도, 가운데를 중심으로 물을 붓는 것도 다 맞는 방법이다. 커피 가루와 물이 잘 교반돼서 추출 흐름이 좋을 경우, 물을 돌려가며 부을 때는 풍성하면서 텁텁하지 않은 맛이 나고, 작은 원에 집중해서 부을 때는 부족함 없이 깨끗한 맛이 난다.

● 알아두면 쓸모 있을지도 모르는 막간 팁 #2
확률상 되도록 가운데를 중심으로 물을 붓는 것이 좋은 흐름을 만들 가능성이 높다. 가운데를 중심으로 500원짜리 동전 크기만한 원을 그리며 움직여 보자. 이때 유속은 초당 10g으로, 높이는 떨어지는 물이 커피 가루 표면에 닿았을 때 과하게 튀지 않을 정도로, 표면 아래로 물이 울렁이며 커피 가루와 섞이는 모습을 잘 관찰하며 붓는다.

　　그런데 사장님은 왜 나에게 커피 수업을 시켰을까?

누군가에게 알려주며 성장하기

 브루잉 수업을 진행해 보면 어떻겠냐고 제안했더니 경언 씨가 깜짝 놀랐다. 보통은 내가 진행하고 경언 씨는 옆에서 내 이야기를 들으며 수업에서 놓치기 쉬운 부분을 보조하는 역할만 했기 때문이다. 수업을 앞두고 엄청 긴장한 모습이다. 많은 사람 앞에 서는 일, 자신이 알고 있는 커피 지식을 세세히 알려주는 일은 참으로 부담스럽다. 커피 강연을 많이 한 나도 여전히 긴장되고 떨리긴 마찬가지다. 그럼에도 왠지 기분 좋게 설레고 뿌듯한 마음이 드는 것도 나와 비슷하지 않을까?

 바리스타로 일하면 수많은 사람들과 이야기하고 커피를 내리는 경험도 많이 하지만, 커피 수업이나 바리스타 대회와 같이 철저한 준비와 집중력이 필요하고 오롯이 혼자 해내야 하는 일은 이전에 경험하던 일들과 결이 다르다. 매장에서 익숙하게 하던 말과 커피를 내리는 일이 낯설게 다가온다.
 경언 씨는 평소 커피를 능숙하게 내리기도 하지만 자신의 생각을 차분하게 정리해서 손님들에게 전달하고 무엇보다 손님들과 교감하기를 좋아했고, 그 모습을 눈여겨 보고 있었다. 단순히 커피를 내리는 일뿐만 아니라 커피에 대한 이야기를 듣기 좋아하고 귀 기울이는 태도 역시 그랬다. 자신을 잘 다듬어 다른 사람에게 표현하는 것을 좋아하는 경언 씨의 성향과 어쩌면 바에서 커피를 내리는 일이 조금은 지루해졌을 지도 모른다는 내 판단을 종합해 브루잉 수업을 도와달라고 부탁했다.

한 번도 이야기한 적이 없어 본인은 몰랐겠지만 이미 예정돼 있는 일이었다. 매장에서 함께 일하는 스태프들을 관찰해 재능을 발견하고 어울리는 위치에서 일할 수 있게 조정하는 것도 관리자에게 중요한 일이다. 경언 씨는 몰라서 당황했을 수 있지만 나는 내 일을 묵묵히 했을 뿐이다.

커피 수업하기. 분명 안 해 본 일을 큰 도움 없이 스스로 해내라고 했을 때 힘든 구석이 있겠지만 앞으로 커피를 하며 발전하는 계기가 되었으면 하는 바람이 있었다. 새로운 일을 하지 않으면 금방 지루함에 빠지는 성향의 바리스타에게는 꼭 필요한 제안이다. 매장에서 사용하는 레시피는 손님들에게 알려드리는 레시피와 동일하다. 카페에서 사용하는 레시피대로 집에서 커피를 내렸을 때 비슷한 맛이 나도록 오랜 기간 동안 다듬었다. 바리스타들이 알려주기 쉽고, 손님들도 쉽게 이해하고 따라할 수 있어야 했다. 하지만 매장에서 바리스타들이 자신의 커피를 공부하고 연습할 때는 다양한 방식으로 내려 보도록 권한다. 하고 싶은 대로, 생각나는 대로, 혹은 어디서 유명한 바리스타가 내린 그대로.

레시피에 언급된 조건과 달라 커피가 맛없게 느껴질 때도 있지만 기본 레시피보다 더 맛있을 때도 있다. 그럴 때면 바리스타들은 레시피를 조정하면 안 되냐고 묻는다. 경언 씨도 같은 점을 궁금해했다. 그래서 커피의 재현성을 위한 레시피와 정밀함을 위한 레시피를 비교해서 알려주고 수업을 진행할 때 고민해서 활용해 보라고 했다. 사람들이 커피 내리기를 얼마나 어렵다고 생각하는지, 자신이 커피를 처음 시작했을 때의 마음이자 이제 막 커피를 내리기 시작한 소비자의 마음을 좀 더 잘 이해할 수 있지 않을까 하는 생각에서였다. 맛있는 커피를 일정하게 내리기가 얼마나 힘든지 말이다.

그동안 쌓아온 다양한 시도와 반복, 차이에 대한 경험을 바탕으로 커피를 잘 모르는 사람에게도 커피 이야기를 할 수 있는 전문가로 성장할 수 있길 바란다. 아주 작은 도움만 있으면 스스로 잘 해낼 것이라는 믿음으로 믿고 맡겨 본다.

재현성을 위한 레시피

비전문가를 위한 쉽게 따라하고 기억할 수 있는 레시피로, 초반에 집중 추출을 하고 후반에 물을 많이 희석하는 방식으로 일관성을 높였다. 편안하고 깨끗한 향미가 특징이다.

● 세팅 : 원두 15g, 물 250g, 물 온도 93~94℃, 유속 초당 10g

1) 타이머를 켜고 바로 커피 가루에 물 50g을 붓는다.
2) 20초가 됐을 때 물 50g을 더 붓는다.(총 물 양 100g)
3) 40초가 됐을 때 물 50g 더 붓는다.(총 물 양 150g)
4) 1분이 됐을 때 물 100g을 더 붓는다.(총 물 양 250g)

정밀함을 위한 레시피

전문가의 세심한 컨트롤이 필요한 레시피다. 추출 초반부터 후반까지 적당한 유량으로 물과 커피 가루를 접촉시켜 전반적인 맛을 고르게 이끌어 낼 수 있다. 낮은 톤의 달콤하고 풍성한 향미가 특징이다.

● 세팅 : 원두 15g, 물 250g, 물 온도 93~94℃, 유속 초당 10g

1) 타이머를 켜고 바로 커피 가루에 물 50g을 붓는다.

2) 20초가 됐을 때 물 75g을 더 붓는다. (총 물 양 125g)

3) 40초가 됐을 때 물 75g을 더 붓는다. (총 물 양 200g)

4) 1분이 됐을 때 물 50g을 더 붓는다. (총 물 양 250g)

아이스 브루잉 팁

● 세팅 : 원두 15g, 물 150g, 물 온도 93~94℃, 유속 초당 10g

1) 타이머를 켜고 바로 커피 가루에 물 50g을 붓는다.

2) 30초가 됐을 때 물 50g을 더 붓는다. (총 물 양 100g)

3) 1분이 됐을 때 물 50g을 더 붓는다. (총 물 양 150g)

※ 주의

- 드립서버에 얼음을 담은 상태에서 추출합니다.
- 따뜻한 음료는 추출 시 유량과 시간이 넉넉해 원두와 물을 충분히 교반할 수 있지만 아이스 음료는 그렇지 않으므로 물을 부을 때 원두를 뒤섞는다는 느낌으로 옆으로 밀어주듯 붓는 것이 좋습니다.

그동안 쌓아온 다양한 시도와 반복, 차이에 대한 경험을 바탕으로 커피를 잘 모르는 사람에게도 커피 이야기를 할 수 있는 전문가로 성장할 수 있길 바란다. 아주 작은 도움만 있으면 스스로 잘 해낼 것이라는 믿음으로 믿고 맡겨 본다.

이어서 샘플 로스팅까지

Question   **갑자기 샘플 로스팅을요?**

메쉬커피에서 일하기 전 로스팅을 배운 적이 있다고 하니 사장님이 방법을 알려준다고 갑자기 해 보라고 하신다.

"그냥 넣고 빼면 돼!"

에티오피아 CoE_{Cup of Excellence} 커피 샘플을 로스팅하는 중이었는데 종류만 20개가 넘었다.
얼떨떨했지만 '원두가 이 정도 색이 되면 말해줘', '그땐 이렇게 조절하면 돼'라고 알려주셔서 어찌저찌 로스팅을 마쳤다.

문제는 다음이었다.
그 후로도 사장님은 "한 번 해봤으니까 이제 할 줄 알지?"라며 몇 번 더 샘플 로스팅을 주문했다. '어, 사장님이 하라니까 하긴 하는데, 이거 은근 재밌네? 난 왜 계속 하고 있지?'

샘플 로스팅은 기능적인 난이도보다 커핑 능

력이 있는지 없는지가 진짜 중요하다고 느낀다. 샘플을 맛보고 뭐가 다른지 알아야 하는데 아무리 신중을 기해도 잘 모를 때가 많다. 사장님은 처음이니까 망해도 괜찮다고, 누가 해도 문제 없게 프로토콜을 맞춰 놨다고 하시지만 CoE 커피가 한두 푼도 아니고, 믿고 맡겨 주신 게 감사해서 더 떨리고 무섭다. 샘플 로스팅보다 커핑이 더 어렵게 느껴진 것도 이때부터인 듯하다.

샘플 로스팅을 하면 할수록 더 잘하고 싶은 마음이 생긴다. 계절별로 다른 온도, 습도 변화에 따라 세심하게 로스터를 조정하는 작업도 제법 익숙해졌다. 특히 사장님이 알려준 프로파일을 반복해 연습하면서 더 좋은 방향으로 업데이트할 수 있는 아이디어를 내고 매장 로스팅에도 적용해 본 적이 있는데, 작은 역할이지만 샘플 로스팅이 실제 생산에 도움이 된 것 같아서 내심 뿌듯했다. 커피를 볶아야 하는 메인 로스터는 재료를 먼저 구매하고 경험한 사람의 정보에 의존할 수밖에 없는데, 이때 샘플 로스팅에서 어떤 특징을 보였는지 내 관점에서 의견을 내게 됐다는 점도 새삼 신기하다.

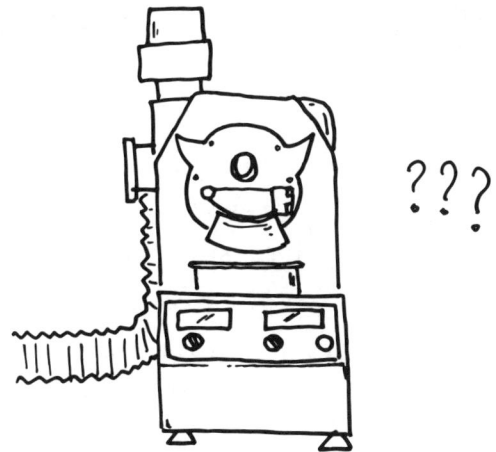

저마다 잘하는 일이 있다

경언 씨가 입사하고 교육을 받던 둘째 날이었다. 교육 도중에 급한 업무가 생겨 "경언 씨, 잠깐 쉬세요. 저 할 일이 있어서 이것만 얼른 처리하고 다시 시작할게요" 하고 노르웨이의 생두 수입회사인 노르딕 어프로치 Nordic approach에서 온 중요한 이메일을 확인했다. 에티오피아의 나노찰라 Nanochalla라는 커피를 사기 위해 지속적으로 거래하던 회사인데, 우리가 요구했던 커피 샘플과 함께 우리 취향에 맞을 것 같은 커피 샘플을 추가로 보냈으니 확인해보라는 내용이었다. 커피 회사에서 샘플을 받는 건 해외 직구처럼 간단한 일이 아니다. 외국산 농산물을 들여와 다시 판매하는 일이기 때문에 수입 통관을 위해 절차상 처리해야 할 업무들이 있다. 휴식을 취하던 경언 씨가 자연스럽게 기훈이와 내가 하는 대화를 듣고 눈을 반짝인다.

"카페에서 이런 일도 해요? 신기하다. 메쉬커피에 들어오길 잘한 것 같아요. 멋있다. 외국 회사랑 거래도 하는 구나."
"우리나라에 없는 재료를 구하려다 보니 결국 외국 회

사들과 교류할 수밖에 없었어. 매년 해외 출장을 나가는 이유도 그래서야."

"우와 저도 언젠가 이런 일을 할 수 있을까요? 욕심 내 볼래요. 제가 열심히 하면 기회가 오겠죠? 난 역시 운이 좋다니까."

"아무나 할 수는 없고 한 10년 뒤쯤? 물론 열심히 하면 그 전에도 할 수 있겠지. 이런 업무에 관심을 보이고 하고 싶다는 사람은 별로 없었는데 좋네. 앞으로 열심히 해 보자."

경언 씨는 당시 바리스타 면접자 가운데 손님과 친근하게 소통하고 판매도 잘할 거라는 생각에 채용한 사람이었지만 대화를 주고받으면서 어쩌면 내 역할을 일부 나눠줄 수 있는 사람으로 성장하지 않을까 기대했다. 일 욕심이 있고 재료에 대한 관심도 많아서 부재료 구매 담당으로, 이후에는 생두 구매 담당으로 커피 바 이외에 다른 업무를 차근차근 맡기기 시작했다. 경언 씨가 샘플 로스팅을 하게 된 건 갑작스러운 일이 아니었다. 자신이 생각보다 바 업무와 잘 맞지 않는다는 조심스러운 고백을 하기 전부터 언젠가는 경언 씨가 하게 될 본인의 일이었다.

샘플 로스팅을 하는 사람은 바리스타와 다른 직무인 커퍼, 로스터 사이에 걸쳐 있다. 다양한 커피 샘플을 확인하려면 우선 샘플 로스팅을 잘해야 하고, 이를 커핑으로 정확히 평가해야 한다. 샘플에서 느낀 특징이 추출했을 때 어떻게 표현될지, 실제 생산에서는 어떻게 다룰지 전 영역에서 커피의 모든 요소에 대한 관심과 지식이 필요하다. 한 분야를 깊게 아는 것보다 넓은 시각으로 이해하고 조율하는 능력이 필수다. 그만큼 다양하고 풍부한 경험이 바탕이 돼야 더 잘할 수 있는 일이다.

오히려 커피 샘플을 잘 로스팅하는 기술적인 방법은 단순한 편이다. 손님들에게 나가는 커피가 아니기 때문에 상대적으로 완벽할 필요도 없다. 일정한 품질을 확인하기 위한 목적이 더 크다. 기능적으로는 어렵지 않을 수 있지만 규칙을 정확하게 지켜 기준점을 만드는 일이고, 실제 생두 구매로도 연결되기 때문에 집중력과 판단력이 중요하다.

메쉬커피의 경우 샘플 로스팅에서 특별히 우리만의 스타일을 보여줄 필요는 없다고 생각해 스페셜티 커피 협회 Specialty Coffee Association, SCA에서 제시한 샘플 로스팅 방식을 기준점으로 삼는다. 로스팅 시간은 8~12분 사이, 로스팅한 지 8~24시간 이내에 샘플을 커핑한다는 단순한 기준. 다만 우리의 특성을 고려해 로스팅 시간은 9분 ±30초, 1차 크랙Crack 이후 1분 안에 배출한다는 원칙을 세웠다. 그렇게 오랜 기간 동안 샘플 로스팅을 해 왔고 미세한 차이는 크게 신경 쓰지 않았다. 커피를 살지 안 살지 결정하는 정도였으니까.

그러다 경언 씨가 샘플 로스팅을 맡고 나 역시 오랜만에 가르치면서 좀 더 흥미가 생겨 여러 변수들을 설명하기 시작했다. 경언 씨가 이해되지 않는 게 몇 가지 있었는데 매장을 위한 로스팅이었다면 진작 고쳤겠지만 그동안 괜찮을 거라 생각해서 그대로 둔 부분이었다. 이전에는 나 혼자 샘플 로스팅을 하고 검증도, 결과에 대한 책임도 혼자 지면 됐기 때문에 문제되지 않았지만 개인 작업이 팀 작업이 되면서 충분한 설명이 필요한 일이 되었고 샘플 로스팅 결과도 눈에 띄게 좋아졌다.

샘플 로스팅은 생두를 100g 정도만 사용하기 때문에 부담이 적다. 그래서 다양한 실험을 할 수 있는데, 그 가운데 실제 생산에 적용할 만한 새로운 변수를 발견하기도 한다. 경언 씨와 샘플 로스팅을 하면서 커피가 한결 좋아지고 서로 보람을 느꼈던 경험이 있다. 가르치는 입장이지만 이렇게 또 배워 나간다.

샘플 로스팅도 로스팅이라 계절이 바뀌면 조정이 필요하다. 본인의 실력을 위해서도, 안정적인 커피를 위해서도 꾸준히 주기적으로 로스팅을 해야 한다. 누가 시켜서 혹은 주문이 들어와서 하는 일이 아니기 때문에 자기 주도적인 성향이 필요하다. 또 동료들과 끊임없이 정보를 주고받는 자리도 가져야 한다. 샘플 로스팅은 새로운 커피를 다양하게 경험하는 동시에 회사의 방향성을 이해하고 그 결에 맞는 커피를 잡아가는 과정이기도 하다. 그저 주어져서 하는 일도 있지만 저마다 성향에 맞는 일을 찾아 한번 시도해 보자.

 ## 샘플 로스터 설치 팁

경언 씨에게 메쉬커피 지하 워크룸에 태환 샘플 로스터를 처음 설치했을 때 일지를 보여주고 지금과 조금 다른 프로파일 얘기를 해 줬다. 지금은 샘플 로스팅 프로파일이 안정적으로 잡혀있지만 로스터 기종이 바뀌거나 장소가 변해서 기존 프로파일이 적용되지 않을 때를 대비하기 위해서다. 경언 씨가 다른 곳으로 회사를 옮기더라도 메쉬커피에서 제대로 배웠다는 얘기를 듣고 싶기도 했다. 오래 함께 일하면 좋겠지만 계획대로 되는 일은 적고 미래의 일은 모르니까 말이다. 샘플 로스터든 대형 로스터든 크기의 문제가 아니다. 로스터를 처음 설치하면 나도 당연히 설레는 마음 반, 쫄리는 마음 반이다. 하지만 새로운 장비를 사면 언제나 기분은 좋다.

샘플 로스터 설치 후 과정은 대략 이렇다.

1차 시도. 일단 12시 방향 중간 화력 5에 놓고 투입온도만 임의로 170℃로 돌려 봤다. 특별한 이유는 없고 예전에 프로밧 샘플 로스터를 사용했을 때 저 온도에서 재미를 봤던 기억이 났다. 데이터가 없을 때 필요한 건 본능적인 감! 화력 조절 없이 단숨에 진행했더니 로스팅 시간이 9분 정도 소요됐다. 우리 샘플 로스팅 기준에 만족스러운 수준이었다. 원두를 배출하고 나니 210℃까지 내려가는데 3분 정도 걸린다. 한 번에 10배치Batch 이상 로스팅해야 하는 경우도 있는데, 다음 배치를 고려하면 시간이 너무 오래 걸리니까 정시 퇴근을 위해 간격을 줄일 효율적인 방법을 고안해야 한다.

2차 시도. 연속 배치를 염두에 두고 투입온도를 215℃로 올렸다. 화력은 아까처럼 5로 끝까지. 시간은 총 7분 50초. 로스팅 진행은 뭐 그럭저럭 괜찮아 보이지만 조금 빠른 편이다. 로스팅 시간을 확보하기 위한 조정이 필요하다.

3차 시도. 215℃는 유지하되 화력을 4로 낮춰서 로스팅을 진행했다. 총 8분 25초. 화력 밸런스가 좋아졌는지 낮은 화력에도 원두가 터지는 1차 크랙 소리가 커졌다. 원하는 로스팅 시간보다 여전히 짧아 다시 조정하기로.

4차 시도. 210℃로 투입온도를 낮추고 화력을 3.5로 끝까지 유지한다. 생두가 노르스름하게 변하는 옐로우 포인트Yellow point가 4분 30초. 1차 크랙은 8분 20초. 9분 20초 배출. 느낌이 좋다! 일단 대략적인 로스팅 프로파일이 나왔으니 이제 남은 건 커핑이다.

그리고 다음날. 원하는 로스팅 시간에 맞는 화력을 찾았지만 맛을 보니 약간 열 스트레스가 느껴진다. 아무래도 후반부에 화력을 줄여야 할 것 같은데, 얼마나 줄여야 할까? 예열할 때 설정한 투입온도 215℃가 올라가지도 떨어지지도 않는 화력 값을 먼저 찾는다. 화력을 1로 내렸더니 온도가 평형을 이룬다. 이 화력을 1차 크랙 직전 화력으로 삼아본다. 이전 배치를 기준으로 비교하기 위해 화력을 3.5로 끝까지 로스팅한 배치도 준비해둔다. 이번 배치는 화력을 3.5로 유지하다 1차 크랙 직전 열량이 과한 느낌을 줄이기 위해 1로 줄인다.

반복을 통해 차이를 좁혀 나간다. 예측하고, 실수는 바로 잡으며 새로운 시도로 이전보다 나아지는 작업이 샘플 로스팅이다. 첫 시작부터 완벽하면 좋겠지만 아무리 경험이 많아도 해 봐야 아는 일이다. 미리 계획대로 되지 않을 거라고 마음먹으면, 생각보다 쉽게 프로파일이 잡혔을 때 더 기쁘지 않을까?

현재 샘플 로스팅 프로파일과 이전 로스팅 프

로파일의 차이를 살펴보는 것도 좋겠다. 지나간 프로파일이 지금 맞을 수도 있다. 우리는 앞으로 곧게 나아간다고 믿지만 뒤돌아 보면 한 쪽으로 휘어져 걷고 있을지도 모른다. 그럼에도 우리의 목표는 단 하나. 돌아가든 휘어가든 되돌아갔다 다시 돌아오든 언제라도 정한 목표에 도달하면 된다. 시간이 오래 걸릴지라도.

샘플 로스팅을 하는 사람은 바리스타와 다른 직무인 커퍼, 로스터 사이에 걸쳐 있다. 다양한 커피 샘플을 확인하려면 우선 샘플 로스팅을 잘해야 하고, 이를 커핑으로 정확히 평가해야 한다.

미래에 대한 고민

 **제 미래는 어떻게 될까요?**

근무 중 한 시간 쉬는 시간. 미뤄 두었던 머리를 자르러 이제는 단골이 된 매장 근처 미용실에 들렀다. 누군가에게 카페가 수다의 장인 것처럼 미용실은 내가 손님으로서 맘 놓고 떠들 수 있는 작은 사랑방이 되곤 한다. 그날도 오랜만에 만난 헤어 스타일리스트 선생님과 한참 이야기를 나눴다.

"경언 씨는 카페에서 일하잖아요. 그럼 나중에 본인 가게 할 생각도 있어요?"
"글쎄요. 원래 그러려고 시작했는데 지금은 잘 모르겠어요. 시국도 시국이지만 큰 책임이 따르는 일은 아직 하고 싶지 않아서요."

갑작스런 질문에 잠시 당황하긴 했지만 이건 확실히 대답할 수 있었다. 그럼 난 무엇을 하고 싶은 걸까?

누구도 알려주지 않는 성공의 기준

커피를 하면서 인생의 교훈을 얻는다. 인생을 살고 있으니 모르는 걸 알게 되는 건 어쩌면 당연한 일이지만, 고민할 시간적 여유가 있는 직업이어서일까? 아니면 생각이 많은 사람들이 모인 집단이어서일까? 주변 사람들을 만나 이야기하다 보면 나뿐만 아니라 커피로 인생을 배우는 사람들을 많이 보게 된다.

미래에 대한 고민은 누구에게나 있다. 나는 이 일을 얼마나 할 수 있을까, 생계를 해결할 수 있을까, 적당히 벌면서 내가 하고 싶은 일도 할 수 있을까 등 보통의 회사를 다니는 사람들처럼 바리스타의 고민도 별반 다르지 않다. 거기에 조금 더 하고 싶은 일을 선택한 데 따르는 경제적인 문제가 현실적인 고민이 된다. 미래가 불안한 건 바리스타만의 문제가 아니라 온전히 인간적인 고민이다. 내 미래가 어떻게 될지 알 수 있다면 무서울 수는 있어도 불안하지 않을 수 있다. 오히려 불안은 무서움보다 사람을 더 힘들게 한다.

미래에 대한 불안과 더불어 인생에서 풀리지 않는 고민이 하나 더 있다. 세상을 살 때 누구도 성공의 기준을 알려 주지 않는다는 것. 어디까지 해야 나는 성공한 걸까? 커피로 성공한다는 말은 무슨 뜻일까? 하고 싶은 일을 찾아 용기내 하는 것만으로는 안 되는 걸까? 일반적으로 사람들이 말하는 부와 명예를 성공의 기준으로 삼는다면 굳이 커피를 선택할 필요가 있을까 싶을 만큼 커피 일은 생존의 문제가 될 때가 많다. 쉽지 않은 길이다. 이렇게 힘든 길을 오래오래 하고 싶다는 바리스타에게 무슨 말을 해야 할까 고민이다.

"지금이라도 그만두고 다른 목표를 찾아봐. 지금까지 한 것만으로도 충분히 너의 인생에 도움이 될 거야. 다른 일도 분명 잘할 테니 좋은 기억만 남기고. 그러니까 커피로부터 도망쳐!"

특히 내가 아끼고 일을 잘하는 바리스타라면 이렇게 충고해 주고 싶은 마음이 가득하다. 아마도 과거의 나에게 외치는 들리지 않는 아우성이겠지. 그럼에도 커피가 좋고, 사람이 좋고, 문화가 좋은 사람들은 어떻게 해야 할까? 그저 버티고 버텨서 고통을 참고 살아남으라는 말은 위로가 되기보다 현실을 외면하고 미래를 그리지 못하게 한다.

이제 막 커피를 시작했거나 도움이 필요한 바

리스타에게 10년 후 미래를 그려 보라고 조언한다. 커피를 시작한 다양한 이유만큼이나 각자 다른 성공의 기준이 있기 때문이다. 멀다면 멀고 가깝다면 가까운 10년 뒤 나의 모습을 상상 속에서 마주했을 때 만족스러울지 아닐지 스스로 미리 생각해 보고 여유 있게 성공을 그릴 수 있길 바라는 마음에서다. 물론 10년이라는 시간은 임의적이다. 누군가에겐 3년이 될 수도, 더 멀리 보는 사람에게는 30년일 수도 있겠다. 숫자가 중요하기보다 오래오래 커피를 하기 위한 밑그림을 그리고 현재를 열심히 살아서 불안을 줄이는 방편이라고 생각하자.

구체적인 목표를 정할 때 닮고 싶은 롤모델을 정하는 것도 한 방법이다. 인류가 지금의 진화에 도달할 수 있었던 이유는 아마도 기록을 남기고 역사를 공부해 다음 세대가 보다 쉬운 위치에서 시작할 수 있도록 축적된 지식을 물려줬기 때문일 테다. 커피의 길을 먼저 걸어간 사람들의 성공과 실패 사례를 발판 삼아 보자. 크게 성공하고 싶다면 스타벅스 창립자인 하워드 슐츠 Howard Schultz를 꿈꾸고, 모험을 즐긴다면 커피리브레의 서필훈 대표를, 그저 자유롭게 하고 싶다면 메쉬커피를 목표로 삼아도 좋겠다. 나조차도 어떤 면에서는 성공에 가까워졌지만 또 한편으로는 실패한 부분도 있다. 이 이야기는 전작인 〈커피가 커피지 뭐〉에도 자세히 써 두었으니 안 읽었거나 읽었는데 까먹었다면 다시 읽어 보자.

바리스타로 일을 시작했다고 해서 손님을 맞이하고 커피를 내리는 카페 운영만 목표로 할 필요는 없다. 내게도 여전히 커피 바에서의 일은 매력적이고 낭만적이지만, 경계를 긋고 미래를 한정하기엔 커피로 할 수 있는 일이 너무 많다. 로스팅을 할 수도, 먼 지구 반대편 산지를 방문해 재료를 구매하거나 산지의 문제를 해결하는 활동가가 될 수도, 자신의 커피 지식을 알리는 콘텐츠 크리에이터가, 커피 브랜드의 마케터나 기획자가 될 수도 있다. 커피 산업에는 바리스타 외에도 커피 전문가들이 할 수 있는 많은 일이 있다.

나는 바리스타이자 로스터, 커퍼이자 바이어이고, 컨설팅과 교육도 하고 심사를 보기도 하며, 대회에 나가거나 책을 쓰기도 한다. 지금은 살짝 사그라든 듯하지만 오래 전부터 북유럽 커피 문화와 다이렉트 트레이드 운동에 매료되어 메쉬커피를 오픈했다. 멀게는 노르웨이의 팀 웬들보Tim Wendelboe라든가, 덴마크의 커피 콜렉티브Coffee Collective, 가깝게는 커피리브레나 프릳츠 친구들의 행보가 재밌고 흥미롭게 느껴져 욕심을 냈고 다행히 운도 따랐다. 다소 이야기가 길어졌지만, 메쉬커피는 대회 타이틀도 없고 여전히 작으며 그냥 커피 산업을 좋아하는 커피하는 사람들일 뿐. 바리스타로 시작했다고 바리스타에만 머물 필요는 없다. 자신을 잘 이해하고 믿고, 어떻게 살지 고민하고 노력하다 보면 바로 거기에 미래가 있다. 일단 마음을 열자.

주위의 시선

Question   **커피하면서 행복하신가요?**

    늘 행복하진 않은데 가끔 행복한 순간이 있다. 그게 업무로 인정받아서, 손님이 좋아해서일 때도 있지만 어느 날은 그냥 하루가 잘 풀려서 행복하기도 하다. 행복한 일이 많아서 계속 커피를 할 수 있었고, 앞으로도 하고 싶은 걸 텐데, 왠지 모르게 하면 할수록 자신감은 줄어드는 기분이다. 주변에서 잘한다고 응원도 많이 해 주고 사장님도 새로운 일을 믿고 맡겨 주시는데, 잘해야 한다는 욕심이 커진 만큼 부담이 됐나 보다. 완벽하지 못할 바엔 그냥 하지 말아야겠다는 생각도 드는 요즘. 다른 동료들은 일이 지루하고 언제까지 해야 할지 몰라서 고민하던데 나는 오히려 가고 싶은 길이 너무 확고해서 고민이다. 내가 커피를 정말 좋아하긴 하는 걸까? 이 일을 계속 해도 될까?

바리스타, 먹고살기 나쁘진 않다

　　오늘 대학 시절 철학과 은사님, 살면서 만나기 힘든 직업 철학자를 만나 오랜만에 술 한잔을 했다. 이 나이에 어른에게 인생 조언을 얻을 수 있다는 게 얼마나 큰 행운인지. 철학과 현실, 그 사이 어디쯤을 오가는 대화 가운데 커피가 직업인 나를 위해 해 주신 말이 기억에 남는다.

　　"손님이 오지 않는 순간마저도 커피 내리는 일을 즐길 수 있다면 이미 커피로 행복하고 성공한 게 아닐까?"
　　"네 맞아요. 저는 그런 사람이에요."

　　도수 높은 고량주를 꽤 비운 상태라 정확한 문장은 아닐 수 있지만 철학자는 그런 부류다. 사람에 대한 관심을 가진 사람들. 커피도 철학도 사람을 잘 이해해야 한다. 결국 사람이 사람을 위해 하는 일이니까 통하기 마련이다. 아마도 내가 커피를 하면서, 혹은 인생을 살면서 고민하는 모습을 보고 건넨 위로의 말일 것이다.

　　나 역시 커피를 하는 의미를 찾아서 오랫동안

고민했다. '왜'라는 이유를 찾고 묻는 일은 굉장히 인간적이고 본능적이며, 특히 철학적인 성향을 가진 사람들에겐 무엇보다 중요하다. 커피와 인생, 커피를 하는 인생. 치열하게 고민하고 부딪혀 울기도 웃기도 여러 번. 그렇게 한참을 살고 오래 고민했다. 그러고 나서 든 생각.'살면서 의미를 찾는 일이 중요하긴 하지만, 그렇다고 스트레스를 받으면서까지 깊이 파고들 필요는 없다.' 의미를 발견하는 것도 결국엔 나를 위한 일이니까 말이다.

종종 의미를 잃었다는 생각이나 부담감에 두려워 멈추고 싶을 때가 있다. 다만 그 마음이 스쳐 지나가는 감정이라면, 스스로 생각했을 때 내가 어떤 일이든 금방 싫증을 느끼고 성취하지 못하는 성향이라면 힘들어도 끝까지 연습해서 마무리하는 습관을 길러야 한다. 커피를 하다 보면 성공과 실패의 경험을 빠른 시간 안에 쌓을 수 있다. 사람들은 보통 성공한 기억보다 내가 실수한 것에 대한 아쉬움과 미련이 더 커서 하루에도 몇 번씩 실패를 반복하다 보면 난 이게 왜 안 되나, 실력이 없는 건가 생각하기 쉽다. 하지만 기억을 더듬어 보면 커피가 너무 맛있게 만들어져서 동료들과 단골 손님들을 모두 불러 자랑하고 싶었던 순간도 분명 있다. 경험이 쌓이면 지금 내 실력이 기준에 차지 않아 더 높은 곳을 바라보게 되는 게 당연하다. 무조건 부정적일 필요는 없다.

우리가 하고 싶은 일을 재밌게 하며 커피를 하려고 바리스타를 하는 것이지 죽도록 일하려고 선택한 길은 아니니까. 바리스타가 좋은 직업인지는 모르겠지만 경언 씨 말대로 행복한 순간들이 있어 해 볼 만한 일이고 먹고살기 나쁘지 않은 일이다. 그럼에도 깊이 고민해 봤을 때 여전히 부담스럽고 힘이 부쳐 멈춰야겠다는 확신이 든다면 언제든 멈춰도 좋다. 잠시 쉬어가도 좋고. 계획대로 되지 않더라도, 후회할지도 모르지만 사람의 인연은 어떻게 또 연결될지 모르니까.

BAR

To be Continued...

 **커피, 무엇이든 물어보세요.**

Q. 정답은 없지만 메쉬커피가 추구하는 좋은 커피란 무엇인가요?

A. 많은 사람들이 맛있다고 하는데 그 와중에 특별한 뭔가가 느껴지는 커피입니다.

Q. 커피의 가장 큰 매력을 꼽는다면요?

A. 저에게 커피는 기분 전환의 수단이에요. 기분을 바꾸는 게 참 어려운데 커피는 그걸 해 내죠. 또 커피라는 게 지금 여기가 아니면 안 되는데요. 아무리 맛있는 커피도 순간이 지나면 변하기 마련이고 불완전해서 아름다운 미학이 있습니다.

Q. 커피의 수율을 높이는 방법이 있나요?

A. 용질인 원두의 접촉 면적을 늘려 용매인 물로 커피의 가용성분을 많이 녹이는 거요. 당연히 분쇄도를 가늘게 하는 게 좋겠죠? 적당한 시간과 물 온도도 영향을 주고요.

Q. 커피는 왜! 내리는 사람마다 다를까요. 마음의 문제

일까요? 아님 기술의 문제일까요?

A. 그게 커피의 매력입니다. 쉬워 보이지만 어렵고 불완전한 게 마치 신이 아닌 사람을 보는 것 같잖아요. 인류가 제일 잘하는 모험, 도전, 호기심을 불러일으키는 게 바로 커피입니다. 저도 매번 똑같이 못 내려요.

Q. 집에서 커피를 자주 내려 마시는데 물마다 맛이 조금씩 다르더라고요. 추천하시는 생수나 물 종류가 있을까요?

A. 서울이라면 수돗물인 아리수도 생각보다 좋습니다. 아니면 무난하게 삼다수, 볼빅도 괜찮고요. 이것저것 골고루 써 보면 생각보다 지루하지 않고 재밌어요.

Q. 어쩌다 산미 있는 커피를 좋아하게 됐나요?

A. 산미 있는 커피를 좋아한다기보다 맛있는 커피에 생동감과 재미를 주는 요소가 산미라서 좋아합니다.

Q. 메쉬커피는 카페라떼가 너무 맛있어요. 비결이 뭔가요?

A. 우유의 단맛이 내는 상승작용을 이용해서 커피도 우유도 아닌 새로운 맛을 만들려고 했어요. 커피가 너무 진하지도 연하지도 않은 균형점을 찾기 위해 노력하고

요. 새로운 맛의 세계를 탐험하는 걸 좋아하고 평소 많은 사람들이 선호하는 맛을 추구해요.

Q. 가장 좋아하는 추출 도구가 무엇인지도 궁금합니다.

A. 단연 에스프레소 머신이죠. 집에서는 전자동 에스프레소 머신을 사용해요.

Q. 바리스타가 되기 위해 커피 공부를 하고 각종 자격증을 취득했지만 실무 경력이 없어서인지 취직이 안 되어 마음이 조급합니다. 바리스타가 되려면 어떻게 해야 할까요?

A. 커피를 시작하고 싶어도 막상 일 구하기가 어렵죠. 업체마다 주어진 상황이나 목표에 따라 추구하는 인재상이 다르기 때문에 우선 내 성향에 맞는 곳을 찾아 지원해 보길 바랍니다. 대체로 사람을 좋아하고 적극적이며 밝은 성격인지를 많이 봅니다. 자격증은 약간의 가산점 정도로 생각하는 게 좋습니다. 더불어 이력서에 자신의 장점을 솔직하게 잘 표현하는 것도 중요합니다.

Q. 이제 막 스페셜티 커피업계에 입문하는 후배에게 해주고 싶은 조언이 있나요?

A. 맛있는 커피를 찾아다니는 호기심! 내가 아닌 다른

사람들을 위해 커피를 하는 열정! 마음대로 안 되는 커피를 될 때까지 하려는 노력! 딱 이 세 가지입니다.

Q. 어떻게 하면 바리스타의 역량을 더 키울 수 있나요?
A. 커피를 내리는 즐거움에만 머물지 말고 커피 산업 전체를 바라보고 그 안에서 본인이 할 수 있는 역할을 고민해 보세요.

Q. 커피를 오래하고 싶은데 내 매장을 차리지 않고 오래하는 방법은 뭐가 있을까요?
A. 내가 일하는 카페가 회사가 돼서 나를 계속 고용할 수 있도록 조력자가 되는 방법이 있습니다.

Q. 카페를 오픈한 후배에게 알려 줄 수 있는 노하우 한 가지는?
A. 손님들의 이야기를 들어 주세요. 손님은 여러분의 친구이자 가족이자 영혼의 반쪽이니까요. 물론 자신을 잘 이해하고 커피를 소개하는 과정도 필요합니다. 결론은 친구를 잘 사귀는 것.

Q. 커피에 대한 열정이 식었다고 느낄 때 어떻게 하나요?

A. 빵을 굽거나 디저트를 만듭니다.

Q. 새로운 메뉴 만드는 법을 알려 주세요.

A. 보통 아래 순서를 따라 만듭니다.

1) 네 가지 정도의 형태를 머릿속에 그린다.
2) 어울리는 재료를 떠올리고 맛의 조합을 상상해 본다.
3) 사용할 주재료와 부재료의 맛을 실제로 확인한다.
4) 이렇게 저렇게 마구마구 섞어 본다.
5) 재료의 특성을 살리면서 표현이 새로운지 확인한다.
6) 생산성을 따질지 예술성을 살릴지 고민한다.
7) 단가나 목적성을 다시 한 번 복기한다.
8) 완성도를 위해 레시피를 미세하게 조정한다.
9) 드디어 완성!

Q. 바리스타에게 가장 중요한 능력 한 가지만 꼽는다면?

A. 다른 사람의 마음을 빨리 파악하는 능력

Q. 커피를 한 단어로 표현한다면? 그 이유도 말해 주세요.

A. 사랑. 사람이 하는 일 중 가장 아름답고 위대한 일.

(Bonus track) **메쉬커피 시크릿 레시피**

1. 킥플립 아이스 커피 Kick Flip Iced Coffee *커피 음료

● 재료
에스프레소 42g
물 40g
킥플립 시럽 20g
연유 3g
우유 100g
얼음 140g

● 레시피
1) 에스프레소에 물, 킥플립 시럽, 연유를 넣고 잘 섞는다.
2) 얼음을 채운 잔에 1)을 넣고 우유를 붓는다.

2. 더블플립 Double Flip *커피 음료

● 재료
에스프레소 42g
연유 25g
하프크림 베이스 80g
얼음 140g

● 레시피
1) 쉐이커에 에스프레소, 연유, 하프크림 베이스를 넣는다.
2) 얼음을 담고 부드럽게 셰이킹한 후 잔에 따른다.

3. 코펜하겐 화이트 Copenhagen White *커피 음료

● 재료
에스프레소 42g
바닐라 시럽 15g
마이너피겨스
오트밀크 75g
얼음 140g

● 레시피
1) 쉐이커에 에스프레소, 바닐라 시럽을 넣고 셰이킹한다.
2) 얼음을 채운 잔에 1)을 넣고 오트밀크를 붓는다.

4. 레모니 핑키 레몬에이드 Lemony Pinky Lemonade *논커피 음료

● 재료
설탕 5g
레몬 3조각
라임 1조각
설탕 시럽 20g
바닐라 시럽 10g
아이스티 60g
탄산수 60g

● 레시피
1) 잔에 설탕을 넣는다.
2) 믹싱볼에 레몬, 라임, 설탕 시럽, 바닐라 시럽을 넣고 찧는다.
3) 아이스티를 넣는다.
4) 준비한 잔에 3)을 넣고 얼음을 가득 채운다.
5) 탄산수를 붓고 머들러로 라임이 떠오를 수 있게 젓는다.

5. 피넛 버터 쿠키 Peanut Butter Cookie *디저트

● 재료
버터 400g
땅콩버터 340g
소금 12g
황설탕 480g
계란 200g
찰밀가루(중력분) 760g
베이킹 파우더 12g
베이킹 소다 16g

● 레시피
1) 믹싱볼에 버터, 땅콩버터, 소금을 넣고 뜨거운 물에 중탕하여 녹인다.
2) 황설탕 240g을 1)에 넣고 스패출러로 젓는다.
3) 계란을 넣고 젓는다.
4) 나머지 황설탕 240g을 넣고 젓는다.
5) 찰밀가루, 베이킹 파우더, 베이킹 소다를 체에 쳐 넣고 가루가 보이지 않을 때까지 가르듯이 잘 섞는다.
6) 냉장고에서 2시간 동안 휴지한다.
7) 아이스크림 스쿱으로 퍼서 약 32개 분량(개당 약 69g)으로 나눈다.
8) 컨벡션 오븐 기준 180°C에서 14분간 굽는다.

6. 킥플립 시럽 Kick Flip Syrup *부재료

● 재료
아마드 잉글리시
브렉퍼스트 티 14g
물 350g
설탕 500g
시나몬 스틱 5cm 1개
스타아니스 1개
통후추 5개
바닐라 시럽 400g

● 레시피
1) 티를 100°C 물에 3분간 우린다.
2) 설탕을 넣고 다 녹을 때까지 저은 후 식힌다.
3) 완전히 식은 티 시럽에 시나몬 스틱, 스타아니스, 통후추를 넣고 12시간 동안 냉침한다.
4) 향신료를 걸러낸 후 바닐라 시럽을 넣고 잘 섞는다.

7. 하우스 메이드 바닐라 시럽 House Made Vanilla Syrup *부재료

● 재료
마다가스카르
바닐라빈 5개
물 900g
설탕 1000g

● 레시피
1) 바닐라빈을 반으로 갈라 바닐라씨를 분리한 후 냄비에 물 600g과 함께 넣는다.
2) 중불에서 30분간 물 표면이 보글보글하고 황금색이 될 때까지 끓인다.
3) 중간중간 거품기로 잘 풀어 준다.
4) 양이 반으로 졸아들면 물 300g을 추가한다.
5) 설탕 1000g을 넣고 잘 섞는다.

8. 하프크림 베이스 Half Cream Base *부재료

● 재료
우유 400g
동물성 크림 200g

● 레시피
1) 우유와 동물성 크림을 2:1 비율로 섞어서 준비한다.

 **바리스타의 미션이 무엇인지 묻는다면**
프릳츠 송성만 이사

커피 바에서 자동 탬퍼는 이제 필수품이 된 것 같고 자동 브루잉 머신도 곳곳에서 눈에 띈다. 나 때는 말이야 저울도 없이 감각으로 커피를 내렸는데…. 앞으로도 세상은 급변할 것이고 무엇인가가 우리의 일을 편하게 해 주고 때로는 대체할 것이다.

이토록 빠르게 변하는 세상에서 바리스타, 우리는 어떤 길을 갈 것인가? 내가 생각하는 길은 변하지 않는 가치에 집중하는 것인데 앞으로도 변하지 않을 가치는 '고객 경험' 즉, 고객에게 좋은 경험을 드리는 것이라고 생각한다.

어제 마신 커피 가격은 기억 나지 않아도 그곳에서의 경험은 기억한다. 경험이 곧 재방문 여부를 결정하는 것이다. 당신도 소비자다. 어떠한 경험이 그곳을 외면하게 만들었고 어떠한 경험이 그곳을 다시 찾게 만들었는가?

고객 경험에 집중하는 바리스타는 고객의 말에 귀 기울인다. 고객의 음료 취향을 맞출 수 있는 실력을 키우는 것은 당연하다. 매장의 에너지가 고객에게 전해진다는 것을 알기에 컨디션 관리에 힘쓰고 따뜻한 말 한마디 혹은 적절한 무관심이 최고의 서비스가 될 수도 있음을 인지한다. 더 나아가 심도 깊은 취향으로 고객에게 인사이트를 주는 바리스타들도 있다.

고객이 우리를 다시 찾을 마음이 들도록 고민하고 실행하며 성장하는 것이 우리의 미션이다.

카페도 바리스타도 세상의 흐름을 읽는 것은 중요하다. 하지만 가장 중요한 것은 '고객 경험'을 최우선 가치로 두고 제대로 된 무언가를 만들어 내고 제대로 전달하는 것이다. 시시각각 변하는 트렌드 말고 세월이 지나도 가치를 인정받는 클래식이 되자.

커피 잘하는 법 :
이제 제법 커피가 익숙한 바리스타에게

어제는 하루 종일 카푸치노, 카페라떼, 코르타도를 만들었다. 매장에 찾아오는 손님들의 주문은 늘 예측하기 어렵다. 어떤 날은 아메리카노만 팔려 지루하고, 또 어떤 날은 필터 커피 주문이 끝도 없이 밀려 주전자 들 힘조차 없다. 온종일 주문을 받고 에스프레소를 내리고 스팀피쳐를 들어 예쁜 하트를 그리다 보니 몸은 바쁘지만 정신은 오히려 더 또렷해졌다. 커피를 내리는 일이 물 흐르듯 유연한 순간을 지나 의식하지 않아도 몸이 반응하는, 숨쉬는 것처럼 자연스러운 일로 느껴졌다. 생각하지 않아도 의식하지 않아도 시간은 흐른다.

커피를 시작한 이래 하루도 거르지 않고 스스로에게 묻는 질문이 있다. '난 왜 커피를 할까?' 누군가는 고상한 취미로 시작한다지만 바리스타를 직업으로 삼는 삶은 하루하루가 전투다. 사람이 먹고사는 데 쉬운 일은 없겠지만 바리스타는 육체적으로나 정신적으로, 또 경제적으로도 쉬운 일이 아니다. 수많은 사람들이 바에 들어왔다 사라진다. 바리스타에서 로스터가 되거나 유명한 커퍼나 그린빈 바이어가 된다고 해서 삶이 크게 바뀌진 않는다. 커피를 만드는 전 과정에 참여해 본 사람은 알겠지만 그제서야 진짜 출발선에 선 기분이 든다. 커피의 다양한 측면을 경험한 후에는 모든 영역을 하나의 실로 꿰는 가장 어려운 일만 남는다. 그래도 우리가 할 수 있는 일이라면 시간이 걸리더라도 구슬을 한 알씩 엮어 나갈 수밖에 없다. 그래서 여전히 커피를 한다. 무엇이 나를 커피로 이끄는가? 아마도 일종의 열정이거나 열정을 가장한 집착 내지는 애증일 수도 있겠지만 고민 끝에 모든 것을 회의하고도 남은 확실한 한 가지는 '더 나은 삶을 살기 위해 커피를 한다'는 것이다. 소설가 폴 오스터 Paul Auster는 〈빵 굽는 타자기〉라는 수필집에서 잘 살기 위해 글을 쓰는 작가의 입장을 고스란히 담아냈다. 내 입장에서라면 빵 굽는 로스터기라는 말이 좋겠다.

    경력이 쌓여서 나만의 커피를 하기 위해 창업을 생각하거나 다른 사람의 카페 오픈을 돕게 된 바리스타가 알아야 할 몇 가지 사항이 있다. 카페 오픈을 앞두면 당장 빨리 열고 싶은 마음에 서두르기 마련인데, 그러다 조급해지면 하나둘 실수를 하고 눈앞의 오픈에 매몰되어 정작 중요한 것을 잊게 된다. 가게를 열면 일단 문을 닫는 순간까지 계속 운영해야 한다는 것. 그것이 나의 일상과 인생을 건 일이라는 사실이다. 시작도 쉽지 않지만 시작하면 되돌릴 수 없다. 철저히 준비해야 한다. 오픈 준비는 끝이 아니라 이제 막 출발선에 선 것이다. 카페를 열거나 사업을 시작할 때 많은 사람들이 브랜딩에 관심을 갖고 시간과 정성, 그리고 돈을 쏟는다. 매력적으로 보이고 싶은 욕구에 브랜딩이 잘 되면 사업도 잘 될 거라는 예단과 주변에서 하는 말들이 잘 비벼진 게 요즘의 창업이다.

실상은 이렇다. SNS의 핫해 보이는 가게엔 손님이 없고 문장과 디자인만 쓸쓸히 자리한다. 지켜보는 사람마저 속상하다. 제대로 된 욕망으로 인생을, 사업을, 카페를 꾸려 나가려면 내가 누구인지, 무엇을 위해 어떻게 살아야 하는지부터 그려야 한다. 머릿속에 그림이 떠오르지 않는다면 과감히 멈출 때다. 브랜딩은 보기에 그럴싸하지만 사업을 유지해 나가는 일에 비하면 비교적 쉬운 일에 속한다.

경력이 많은 바리스타도 자신의 커피 바를 디자인할 때 단순히 보기 좋게 예쁘게 배치하는 경우가 적지 않다. 손님에게 잘 보이고 싶고, 나를 잘 표현하고 싶은 욕망 때문이다. 바리스타가 일하기 불편하면 효율성이 떨어지고 쉽게 지쳐 매출을 올리기 힘들어진다.

매출이 나와도 인건비가 늘어나기 마련이다. 제한된 커피 바 안에서 기가 막힌 디자인과 최적의 동선을 다 잡으려면 생각보다 많은 고민과 경험이 필요하다. 보기엔 쉬워 보여도 막상 해 보면 어려운 일이다.

　　　　커피가 너무 좋아서 평생 커피를 하겠다고 목표를 삼은 바리스타도 일을 그만둘 때가 있다. 몸과 마음이 지쳐 잠시 쉬고 싶기도 하고 이유 없이 커피가 미워질 때도 있다. 카페의 경영 여건이나 동료들과의 관계 등 여러 내외부적인 요인에 의해 일을 그만둔다. 어쩔 수 없이 쉬어야 한다면 자신에게 집중할 때라고 생각하고 내면의 목소리에 귀 기울이자. 좋은 추억으로 남길지 아니면 다시 마음을 다잡고 돌아갈지 고민할 좋은 기회다. 미래는 열려 있고 삶은 계속된다. 일단 오늘은 고민을 내려놓고 즐겁고 행복하자.

　　　　시작과 끝은 맞닿아 있다. 나는 커피를 하면 빠른 은퇴를 이루는 거라고 생각했다. 그래서 사회적으로 성공한 후 나중에 하고 싶었던 일을 하기보다 지금 바로 하고 싶은 일을 하면 더 좋을 거라는 엉뚱한 계획을 세웠다. 그렇게 살아 행복하고 좋았다. 나에게 바리스타는 성공한 삶이다. 현실의 바리스타라는 직업은 경제적으로도 몸도 마음도 힘들 때가 있지만 즐거울 일도 많다. 정말 어려운 문제라기보다 낯설어서 잘 몰라서 생기는 일들이 더 많다. 그럴 때는 곰곰이 생각하고 하나씩 풀어 나가면 좋겠다. 커피나 인생이나 즐거워지려면 얼마간의 시간이 필요하다. 그래도 걱정이 된다면 앞에 있는 커피를 마시자. 일단 커피의 맛과 향에 집중하자. 커피와 인생이 얼마나 맛있는지 음미하고 기분이 좋아지고 힘이 나면 그때 우리 할 일을 하자.

바리스타는 어떻게 일할까?
GOOD BARISTA HANDBOOK

글	김현섭, 이경언
그림	김기훈

1판 1쇄	2023년 11월 3일

편집	정성희, 이여진
디자인	스튜디오 고민
제작	갑우문화사

펴낸이	최경옥
펴낸곳	연필과머그
출판등록	2020년 1월 17일(제2020-000019호)
	04168 서울시 마포구 새창로 11, 1375호(도화동)
전화	02-6487-2664
팩스	02-6008-1370
인스타그램	@pencilandmug

ISBN	979-11-970539-4-8 03590

- 저작권법에 따라 무단 전재와 복제를 금합니다.
- 잘못된 책은 구매하신 곳에서 바꿔드립니다.